佛典密意系列

文殊师利二经密意

谈锡永◎著

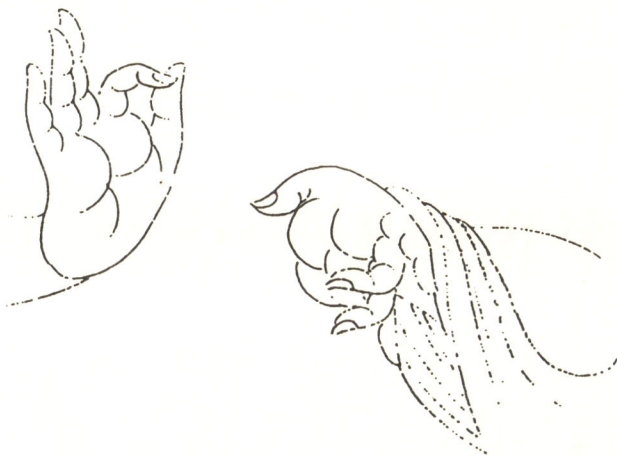

復旦大學出版社

文殊师利菩萨

目录

总　序

一、说　密　意

"佛典密意"系列丛书的目的在于表达一些佛家经论的密意。什么是密意？即是"意在言外"之意。一切经论都要用言说和文字来表达，这些言说和文字只是表达的工具，并不能如实表出佛陀说经、菩萨造论的真实意，读者若仅依言说和文字来理解经论，所得的便只是一己的理解，必须在言说与文字之外，知其真实，才能通达经论。

《入楞伽经》有偈颂言：

> 由于其中有分别　名身句身与文身
> 凡愚于此成计著　犹如大象溺深泥①

这即是说若依名身、句身、文身来理解经论，便落于虚妄分别，由是失去经论的密意、失去佛与菩萨的真实说。所以在《大涅槃经》中，佛说"四依"（依法不依人、依义不依语、依智不依识、依了义不依不了义），都是依真实而不依虚妄分别，其中的"依义不依语"，正说明读经论须依密意而非依言说文字作理解。佛将这一点看得很严重，在经中更有颂言：

---

① 依谈锡永译：《入楞伽经梵本新译》，第二品，颂172，台北：全佛文化，2005年。

彼随语言作分别　　即于法性作增益

以其有所增益故　　其人当堕入地狱①

　　这个颂便是告诫学佛的人不应依言说而诽谤密意,所以在经中便
有如下一段经文:

　　　世尊告言:大慧,三世如来应正等觉有两种教法义(dharma-
　　naya),是为言说教法(deśanā-naya)、自证建立教法(siddhānta-
　　pratyavasthāna-naya)。

　　　云何为言说教法之方便? 大慧,随顺有情心及信解,为积集种
　　种资粮而教导经典。云何为观修者离心所见分别之自证教法? 此
　　为自证殊胜趣境,不堕一异、俱有、俱非;离心意识;不落理量、不
　　落言诠;此非堕入有无二边之外道二乘由识观可得尝其法味。如
　　是我说为自证。②

　　由此可知佛的密意,即是由佛内自证所建立的教法,只不过用言说
来表达而已。如来藏即是同样的建立,如来法身不可思议、不可见闻,
由是用分别心所能认知的,便只是如来法身上随缘自显现的识境。所
以,如来法身等同自证建立教法,显现出来的识境等同言说教法,能认
知经论的密意,即如认知如来法身,若唯落于言说,那便是用"识观"来
作分别,那便是对法性作增益,增益一些识境的名言句义于法性上,那
便是对佛密意的诽谤、对法性的损害。

　　这样,我们便知道理解佛家经论密意的重要,若依文解字,便是将
识境的虚妄分别,加于无分别的佛内自证智境上,将智境增益名言句义
而成分别,所以佛才会将依言说作分别看得这么严重。

---

① 　依谈锡永译:《入楞伽经梵本新译》,第三品,颂34。
② 　同上书,第三品,第151页。

二、智识双运

由上所说,我们读经论的态度便是不落名言而知其密意,在这里强调的是不落名言,而不是摒除名言,因为若将所有名言都去除,那便等于不读经论。根据言说而不落言说,由是悟入经论的密意,那便是如来藏的智识双运,亦即是文殊师利菩萨所传的不二法门。

我们简单一点来说智识双运。

佛内自证智境界,名为如来法身。这里虽说为"身",其实只是一个境界,并非有如识境将身看成是个体。这个境界,是佛内自证的智境,所以用识境的概念根本无法认知,因此才不可见、不可闻,在《金刚经》中有偈颂说:

若以色见我　以音声求我
是人行邪道　不能见如来

色与音声都是识境中的显现,若以此求见如来的法身、求见如来的佛内智境,那便是将如来的智境增益名言,是故称为邪道。

如来法身不可见,因为遍离识境。所以说如来法身唯藉依于法身的识境而成显现,这即是依于智识双运而成显现。经论的密意有如如来法身,不成显现,唯藉依于密意的言说而成显现,这亦是依于智识双运而成显现。如果唯落于言说,那便有如"以色见我,以音声求我"。当然不能见到智境、不能见到经论的密意。不遣除言说而见密意,那便是由智识双运而见,这在《金刚经》中亦有一颂言(义净译):

应观佛法性　即导师法身
法性非所识　故彼不能了

是即不离法性以见如来法身(导师法身),若唯落识境(言说),便不能了知法性,所谓不离法性而见,即是由智识双运的境界而见,这亦是不二法门的密意,杂染的法与清净的法性不二,即是于智识双运的境界中法与法性不二。

然而,智识双运的境界,亦是如来藏的境界,我常将此境界比喻为荧光屏及屏上的影像:荧光屏比喻为如来法身,即是智境;法身上有识境随缘自显现,可比喻为荧光屏上的影像,即是识境。我们看荧光屏上的影像时,若知有荧光屏的存在,那便知道识境不离智境而成显现(影像不离荧光屏而成显现),因此无须离开影像来见荧光屏(无须离开言说来见密意),只需知道荧光屏唯藉影像而成显现(密意唯藉言说而成显现),那便可以认识荧光屏(认识经论的密意)。这便即是"应观佛法性,即导师法身",也即是"四依"中的"依义不依语""依智不依识""依了义不依不了义"。

简单一点来说,这便即是"言说与密意双运",因此若不识如来藏,不知智识双运,那便不知经论的密意。

三、略 说 如 来 藏

欲知佛的密意须识如来藏,佛的密意其实亦说为如来藏。支那内学院的学者吕澂先生在《入楞伽经讲记》中说:

> 此经待问而说,开演自证心地法门,即就众生与佛共同心地为言也。
> 自证者,谓此心地乃佛亲切契合而后说,非臆测推想之言。所以说此法门者,乃佛立教之本源,众生入道之依处。[1]

由此可见他实知《入楞伽经》的密意。其后更说:

> 四门所入,归于一趣,即如来藏。佛学而与佛无关,何贵此学,

---

① 《吕澂佛学论著选集》卷二,齐鲁书社,1991年,第1217页。

004

故四门所趣必至于如来藏,此义极为重要。①

所谓"四门",即《入楞伽经》所说的"八识""五法""三自性"及"二无我",吕澂认为这四门必须归趣入如来藏,否则即非佛学,因此他说:

> 如来藏义,非楞伽独倡,自佛说法以来,无处不说,无经不载,但以异门立说,所谓空、无生、无二,以及无自性相,如是等名,与如来藏义原无差别。②

佛说法无处不说如来藏、无经不载如来藏,那便是一切经的密意、依内自证智而说的密意;由种种法异门来说,如说空、无生等,那便是言说教法,由是所说四门实以如来藏为密意,四门只是言说。

吕澂如是说四门:

> 前之四法门亦皆说如来藏,何以言之? 八识归于无生,五法极至无二,三性归于无性,二空归于空性,是皆以异门说如来藏也。

这样,四门实在已经包括一切经论,由是可知无论经论由哪一门来立说,都不脱离如来藏的范限。现在且一说如来藏的大意。

认识如来藏,可以分成次第:

一、将阿赖耶识定义为杂染的心性,将如来藏定义为清净的心性,这样来理解便十分简单,可以说心受杂染即成阿赖耶识,心识清净即成如来藏心。

二、深一层次来认识,便可以说心性本来光明清净,由于受客尘所染,由是成为虚妄分别心,这本净而受染的心性,便即是如来藏藏识。本来清净光明的心性,可以称为如来藏智境,亦可以称为佛性。

三、如来藏智境实在是一切诸佛内自证智境界,施设名言为如来法身。如来法身不可见,唯藉识境而成显现。这样,藉识境而成显现的

---

① 《吕澂佛学论著选集》卷二,齐鲁书社,1991年,第1261页。
② 同上。

佛内自证智境便名为如来藏。

关于第三个次第的认识，可以详说：

如来法身唯藉识境而成显现，这个说法，还有密意。一切情器世间，实在不能脱离智境而显现，因为他们都要依赖如来法身的功能，这功能说为如来法身功德。所以正确地说，应该说为：如来法身上有识境随缘自显现，当这样说时，便已经有两重密意：（1）如来法身有如来法身功德；（2）识境虽有如来法身功德令其得以显现，可是还要"随缘"，亦即随着因缘而成显现，此显现既为识境，所依处则为如来法身智境，两种境界双运，便可以称为"智识双运界"。

什么是"双运"？这可以比喻为手，手有手背与手掌，二者不相同，可是却不能异离，在名言上，即说二者为"不一不异"，他们的状态便称为双运。

如来法身智境上有识境随缘自显现，智境与识境二者不相同，可是亦不能异离，没有一个识境可以离如来法身功德而成立，所以，便不能离如来法身而成立，因此便说为二者双运，这即是智识双运。

如来法身到底有什么功能令识境成立呢？第一，是具足周遍一切界的生机，若无生机，没有识境可以生起，这便称为"现分"；第二，是令一切显现能有差别，两个人，绝不相同，两株树，亦可以令人分别出来，识境具有如是差别，便是如来法身的功能，称为"明分"，所谓"明"，即是能令人了别，了了分明。

智境有这样的功能，识境亦有它自己的功能，那便是"随缘"。"随缘"的意思是依随着缘起而成显现。这里所说的缘起，不是一般所说的"因缘和合"，今人说"因缘和合"，只是说一间房屋由砖瓦木石砌成；一只茶杯由泥土瓷釉经工人烧制而成，如是等等。这里说的是甚深缘起，名为"相碍缘起"，相碍便是条件与局限，一切事物成立，都要适应相碍，例如我们这个世间，呼吸的空气、自然界的风雷雨电，如是等等，都要适应。尤其是对时空的适应，我们是三度空间的生命，所以我们必须成为立体，然后才能够在这世间显现。这重缘起，说为甚深秘密，轻易不肯宣说，因为在古时候一般人很难了解，不过对现代人来说，这缘起便不应该是什么秘密了。

这样来认识如来藏,便同时认识了智识双运界,二者可以说为同义。于说智识双运时,其实已经表达了文殊师利法门的"不二"。

四、结　　语

上面已经简略说明密意、智识双运与如来藏,同时亦据吕澂先生的观点,说明"无经不载如来藏",因此凡不是正面说如来藏的经论,都有如来藏为密意,也即是说,经论可以用法异门为言说来表达,但所表达的密意唯是如来藏(亦可以说为唯是不二法门),因此我们在读佛典时,便应该透过法异门言说,来理解如来藏这个密意。

例如说空性,怎样才是空性的究竟呢? 如果认识如来藏,就可以这样理解:一切识境实在以如来法身为基,藉此基上的功能而随缘自显现,显现为"有",是即说为"缘起",缘起的意思是依缘生起,所以成为有而不是成为空。那么,为什么又说"性空"呢? 那是依如来法身基而说为空,因为释迦将如来法身说为空性,比喻为虚空,还特别声明,如来法身只能用虚空作为比喻,其余比喻都是邪说,这样一来,如来法身基(名为"本始基")便是空性基,因此在其上显现的一切识境,便只能是空性。此如以水为基的月影,只能是水性;以镜为基的镜影,只能是镜性。能这样理解性空,即是依如来藏密意而成究竟。

以此为例,即知凡说法异门实都归趣如来藏,若不依如来藏来理解,便失去密意。因此,本丛书即依如来藏来解释一些经论,令读者知经论的密意。这样来解释经论,可以说是一个尝试,因为这等于是用离言来解释言说,实在并不容易。这尝试未必成功,希望读者能给予宝贵意见,以便改进。

谈锡永

2011 年 5 月 19 日七十七岁生日

别序

文殊师利菩萨不二法门有众多经典，现在先选出两本诠释其密意。所选两经为《文殊师利说般若会》及《文殊师利所说不思议佛境界经》（两经全名见内文，此处只用简称）。

选这两本经的缘故，是由于两经所说彼此可以融汇。

文殊说般若波罗蜜多，是由不二法门来说空性，因此并非只说"缘生性空"，更不是由缘起来说诸法空性。然而，他的说法与"缘生性空"亦无相违，于不二法门中，由缘生而成为有的只是现象，这些现象不能执为实法，因此一切诸法本体为空。与空相对，则是执现象为实法的有。如何超越有法，即是于不二中离一切相对，因为凡执现象为实法必依相对，倘若超越相对，即成不二，是即于不二中超越有法。

当超越有法时，倘若要追究一切诸法的自性，不二法门便说之为"本性自性"，亦即一切诸法以其本性为自性。所谓本性，即是佛性，亦即如来智性，因为一切法都是如来智境上的自显现，所以一切法的自性，其本性便是如来智性。此如镜中影像，其自性必为镜性，这镜性便是镜影的自性，所以说为"本性自性"。这原是释迦的说法，在本丛书中，即有《〈无边庄严会〉密意》一书，说"本性自性空"的密意，读者可以参考。

由不二来说空性，即佛家所说的毕竟空、究竟空。因为对于空及空性有种种说法，然而却都没有由本性来说空性。可以说，本性自性空其实即是佛二转法轮时说空的密意，正由于本性自性空，才能说一切诸法如梦如幻。梦与幻亦是现象，在梦境与幻境中现象亦成为有，但若检讨其本性，若依现象来说，不妨说是梦性与幻性，但若依其本性，便是"本性自性空"，所以如梦如幻即是空性。能如是知，便知如梦如幻的密意，同时亦知毕境空的密意。

正因为识境中一切诸法的自性即是本性，所以本经便另有一个主题说离因果，这不是否定因果，只是因为识境中一切法本性自性空，是故识境中的因果，亦必须说其自性为本性，当知本性即是不可思议佛境界时，自然由不二而超越因果，亦必须超越因果才能现证深般若波罗蜜多。

这样，便引导到《文殊师利所说不思议佛境界经》。这本经先说佛境界，然后说入佛境界的观修。

说佛境界，即说佛内自证智界。佛内自证智即是如来法身，亦即法界，因为身、智、界三无分别。如实而言，身、智、界三者其实都是施设，所以要施设，只是为了方便言说，若不施设这些名言，于说法时即无可表达，反正便是这样的一个"境界"。甚至我们说"境界"这名相时，亦未如实说出实相，但我们却不能不用"境界"这一名词，来表达佛所现证。

不过，佛内自证智境界亦非与识境了不相关，在这境界上，有种种识境随缘自显现，因为这智境有令识境自显现的功能。这在不二法门中，便可以说为智境与识境不二，当说如来藏时，则可以说此为智境与识境双运的境界，是即如来藏。文殊师利说佛境界，即依此而说。

然而本经并非只说不二法门的法义，它还有很大的篇幅，说由观修悟入佛境界之所行，这便是本经的第二部分。在这部分，又再分为两份。先说不放逸行，行者必须以不放逸行为前行，然后才可以入经中所说的菩萨道。是故说不放逸行与说菩萨道两份，实为学佛的人所须知。无论依什么宗派作观修，都应该认识文殊师利所说。

文殊师利于说此两份菩萨行时，许多处并未依不二而说，如说"头陀功德"，即依识境而说，此即因并非全为已登地的菩萨说法，实亦同时为欲入菩萨道的初机而说，是故即不能唯依不二而行。

如上所说，便知道我们为什么将此两经合成一册，说其密意。望读者能依此脉络来理解文殊所说的密意。是为序。

谈锡永

2012 年 9 月

《文殊师利说般若会》密意

文殊师利说般若会

梵名：*Ārya-saptaśatikā-nāma-prajñāpāramitā-mahāyāna-sūtra*

藏名：*'Phags pa shes rab kyi pha rol tu phyin pa bdun brgya pa zhes bya ba theg pa chen po'i mdo*

汉名：圣七百般若波罗蜜多大乘经〔文殊说般若会第四十六〕

引　言

　　本经梵名为《七百颂般若》（*Saptaśatikā-prajñāpāramitā*），不分品。现存汉译有三种：

　　1. 梁曼陀罗仙译《文殊师利所说摩诃般若波罗蜜多经》二卷，收入《大宝积经》（简称【曼译】）。

　　2. 梁扶南国三藏僧伽婆罗译《文殊师利所说般若波罗蜜多经》一卷（简称【僧译】）。

　　3. 唐三藏法师玄奘译《大般若波罗蜜多经·曼殊室利分》二卷（简称【奘译】）。

　　三种异译，以玄奘译较为妥帖。曼陀罗仙译略有省文，反之，僧伽婆罗译则增文、省文皆甚多。寻其原因，一者，所依梵本不同。二者，可能由笔受者所致，笔受者在听译师讲译时，有所询问，译师为之解答，而笔受者则将译师之所解亦录入正文，由是即成增文；若笔受者于笔受时，于法义不明处，径行删略，由是即成省文。

　　今笔者欲说文殊师利说般若之密意，虽以玄奘译为底本，但觉得余二译亦可参考，因曼译虽有省文，然其中有些文句较玄奘译为精炼准确；由僧伽婆罗译，时可见译师讲解法义的意趣，其讲解虽未尽得密意，但亦可有助于理解文句。

　　本经由文殊师利菩萨说深般若波罗蜜多，文殊师利所说法门，名为不二法门，所以这里，亦由不二而说深般若。不二法门即如来藏法门，故说深般若波罗蜜多便亦即说如来藏。

在一般人的印象中,释迦于二转法轮说般若波罗蜜多,即是说空。甚至有人认为,释迦说空,究竟义即是"缘生",所以说缘起是佛家的根本思想,然而,此实为错见。若落于缘起而窥佛法,则实不知须由离缘起而成佛,所以缘起必非究竟,只是佛的言说。有这错见的人,以为一切法因为缘生所以自性空。这样一来,对般若波罗蜜多便生歪曲,更不要说对深般若波罗蜜多的误解了。

释迦说空的同时,已明说,空只是假施设,只是名言,般若亦只是假施设,只是名言。佛虽依密意说法,但不能不有所言说,要言说便非假施设不可,非利用名言不可,因此我们便不能依空这个名言,来理解释迦说空的密意。

释迦说空,实依一切诸法如梦如幻,无有本质而说。所以亦说一切诸法如镜中影,如水中月。可见释迦说无自性,并非因为缘生所以说为无自性,只是因为如梦、如幻、如镜影、如水月而无自性,这便即是"本性自性"(此于下来更说)。至于缘生,不是由缘生来成立一切诸法空,实在是成立一切诸法缘生而成为有,于识境中,一切诸法由缘生而成存在与显现,由是而成为有,这本是无可诤论的事实,只是因为这存在与显现并非真实,无非是如幻的似显现,是故我们才说它是空。所以当说"缘生性空"时,实在是说"空有双运","缘生有"与"自性空"双运,缘生与自性并没有因果的关系,不是因为缘生,所以性空,亦不是因为性空,所以可以缘生。

在本经中,文殊师利即由不二法门来说性空,而非由缘起来说一切诸法空及其自性空。上面已说是因为一切诸法的自性即是本性,自性与本性不二,这在名言上,便说为"本性自性"(参考《无边庄严会》)。

以镜影为例,镜影的自性是什么?即是镜性。镜中一切影像不能说不以镜性为自性,然而这个自性,却实在是以镜的本性为性,所以便可以说镜影实无自性,有的只是本性,这便称为本性自性。

其实在现代,应该以荧光屏为例。荧光屏上的影像,好像有他们的自性,火有火性、水有水性,这在荧光屏的影像世界中十分真实,但离开影像世间,便见一切影像的自性,实在只是荧光屏性。当我们施设荧光屏为空性时,一切影像的本性便是空性,在影像世界中见一切影像的自性,其实亦是荧光屏性。

所以对于"缘生性空",我们应该这样理解:在荧光屏影像世界中,见一切法由缘生而成存在、显现,如是而成为有,然而一切法,却只有本性自性(例如荧光屏性、镜性),无有如其显现的自性(如火显现的火性)。如是"空有双运",才能得"缘生性空"的正解。说为正解,因为与一切经论都不相违背,倘若说"因为缘生,所以性空",那就与文殊师利的不二法门相违、与弥勒菩萨所说的"善取空"瑜伽行相违①。

由上所说,即知文殊般若法门为不二见、甚深见。由此见地,才能由不二来说空、无相、无愿三解脱门,同时亦能为轮回、涅槃建立正见。

经中有一个重要的主题,文殊师利说离因果,然而这并不是否定因果,因果于识境中十分真实,一如于识境中可以为一切法建立自性,这自性于识境中亦十分真实,但若基于不二,识境中一切诸法的自性实在即是本性,那么,善与恶的本性都可以说为空性,由是不二,由是即离因果。

以离因果为例,即可知文殊般若,如何离一切识境的名言句义,亦即由离名言句义而说不二。经中所说,大致都是如此。佛说,须离佛的言说而知佛的密意,文殊师利即同于佛之所说,是故文殊师利的不二法门,可以说是显示诸佛密意的法门。

于显示诸佛密意时,见地基于智境与识境双运的不二,是故文殊师利之所说,其实即是说智识双运的境界。佛的言说,许多时候只立足于识境而说,譬如说唯识,显然就是基于识境而说,完全未触及智境。于说缘生时,亦同样是立足于识境,由缘生而成立一切诸法为有。佛这些

---

① 弥勒《瑜伽师地论》依《小空经》说善取空。《小空经》云:"**若此中无者,以此故我见是空;若此有余者,我见真实有。阿难,是谓行真实空不颠倒也。**"是故于说"缘生性空"时,见一切法自性空,便只能空掉诸法的自性,缘生是自性之外的建立,是即经文所说的"余者",故当见其为真实有。

言说,在识境中可说为真实,在智识双运境中即不真实。是故必须理解佛的密意,知道佛说唯识,是为了成立外境必须依于内识才成显现;佛说缘生,是为了成立外境如何而成为有。这样,我们便不会将唯识当成是了义、将缘生看成是佛的根本思想。所以弥勒瑜伽行并非只说唯识,所证实为智识双运的如来藏果,如是才由识境过渡入智境,成为转依(转识成智)。这样的转依,才是"真唯识",其实亦与文殊师利的不二法门一致;同样,龙树说缘生性空,亦从来没有说缘起是佛的究竟法,所以在《大智度论》中,一直强调如何现证甚深般若波罗蜜多。

依于上面所说,即大致上可理解本经的密意。

前　分

【奘译】如是我闻，一时薄伽梵在室罗筏住誓多林给孤独园，与大
苾刍众百千人俱，皆阿罗汉，唯阿难陀犹居学地，舍利子等而为上首。
复与菩萨摩诃萨众十千人俱，皆不退转功德甲胄而自庄严。慈氏菩萨、
妙吉祥菩萨、无碍辩菩萨、不舍善轭菩萨而为上首。

曼殊室利童子菩萨明相现时出自住处，诣如来所，在外而立。具寿
舍利子、大伽多衍那、大迦叶波、大采菽氏、满慈子、执大藏，如是一切大
声闻僧，亦于此时各从住处，诣如来所，在外而立。

【曼译】如是我闻，一时佛在舍卫国祇树给孤独园，与大比丘僧满
足千人，菩萨摩诃萨十千人俱，以大庄严而自庄严，皆悉已住不退转地。
其名曰：弥勒菩萨、文殊师利菩萨、无碍辩菩萨、不舍担菩萨，与如是等
大菩萨俱。

文殊师利童真菩萨摩诃萨，明相现时从其住处来诣佛所，在外而
立。尔时尊者舍利弗、富楼那弥多罗尼子、大目揵连、摩诃迦叶、摩诃迦
栴延、摩诃拘绨罗，如是等诸大声闻，各从住处，俱诣佛所，在外而立。

【僧译】如是我闻，一时佛在舍卫国祇树给孤独园，与大比丘众一
万人俱；及诸菩萨摩诃萨十万人俱，皆悉住于不退转地，久已供养无量
诸佛，于诸佛所深种善根，成就众生，净佛国土，得陀罗尼，获乐说辩才，
成就智慧，具足功德，以自在神通游诸佛世界，放无量光明，说无尽妙
法，教诸菩萨入一相门，得无所畏，善降众魔，教化度脱外道邪见。若有
众生乐声闻者说声闻乘，乐缘觉者说缘觉乘，乐世间者说世间乘。以布
施、持戒、忍辱、精进、禅定、智慧摄诸众生，未度者度，未脱者脱，未安者

安,未泥洹者令得泥洹,究竟菩萨所行,善入诸佛法藏,如是种种功德皆悉足。其名曰:文殊师利法王子菩萨、弥勒菩萨、普光明菩萨、不舍勇猛精进菩萨、药王菩萨、宝掌菩萨、宝印菩萨、月光菩萨、日净菩萨、大力菩萨、无量力菩萨、得勤精进菩萨、力幢相菩萨、法相菩萨、自在王菩萨。如是等菩萨摩诃萨十万人俱。并余天、龙、鬼、神等一切大众,皆悉来集。

尔时世尊于中夜时放大光明,青、黄、赤、白、杂颇梨色,普照十方无量世界。一切众生触此光者,皆从卧起,见此光明皆得法喜,咸生疑惑:光何来? 普遍世界,令诸众生得安隐乐。

作是念已。于一一光复出大光明,照耀殊特,胜于前光,如是展转乃至十重。一切菩萨及诸比丘、比丘尼、优婆塞、优婆夷,天、龙、夜叉、乾闼婆、阿修罗、迦楼罗、紧那罗、摩睺罗伽、人非人等,咸皆踊跃,得未曾有。各各思念:必是如来放此光明,我等应当疾至佛所,礼拜亲近恭敬如来。

是时文殊师利及诸菩萨摩诃萨众遇此光者,欢喜踊跃充遍身心,各从住处到祇洹门。尔时舍利弗、大目揵连、富楼那弥多罗尼子、摩诃迦叶、摩诃迦旃延、摩诃俱絺罗,皆从住处到祇洹门。帝释、四天王,上至阿迦尼咤天,亦觌光明,叹未曾有,与其眷属赍妙天花、天香、天乐、天宝衣,一切皆悉到祇洹门。其余比丘、比丘尼、优婆塞、优婆夷,天龙八部,遇光欢喜,皆来到门。

【疏】 比较三译,僧译似用不同梵本。佛经流通常有广本与略本之别,僧译所用应为广本。

奘译:文殊师利菩萨"明相现时出自住处";曼译:文殊师利"明相现时从其住处来诣佛所",此句僧译缺,所谓"明相现时",是说其光明相,非用宁玛派道名言的"明相"。若用此道名言,则一切显现皆为明相。强调文殊的光明相,是说文殊的证悟能现光明,一如佛之证悟。若依僧译即知,余罗汉及菩萨众,只能见佛的光明,遇佛的光明,唯文殊师利利则能自放光明。

说文殊师利菩萨,"从其住处来诣佛所",即说文殊为他世界菩萨,余经言文殊由东方不动佛土来,是即谓东方不动佛刹土,以不二法门为法门。

今日无上瑜伽密亦重视东方,行者常以面对的方向为东方而修,故知所修亦为东方不动佛刹土。

至于诣会诸菩萨皆具大菩萨的功德,则可详见于僧译。奘译只略说为"皆不退转功德甲胄而自庄严";曼译只略说为"以大庄严而自庄严",皆不及僧译之详。僧译说为"于诸佛所深种善根,成就众生,净佛国土,得陀罗尼,获乐说辩才,成就智慧,具足功德",如是等等,是说菩萨之三大:愿大、能断大、能证智大。凡说"菩萨摩诃萨",于密意,皆具此三大,故于此处以僧译为优。

然而,僧译谓文殊及诸菩萨先诣佛所,则未能突出文殊先诣佛所的密意。此密意见下面所说。

【奘译】尔时,世尊知诸大众皆来集已,从住处出,敷如常座结跏趺坐,告舍利子:汝今何故于晨朝时在门外立?

时,舍利子白言:世尊,曼殊室利童子菩萨先来住此,我等后来。

【曼译】佛知众会皆悉集已,尔时如来从住处出,敷座而坐,告舍利弗:汝今何故于晨朝时在门外立?

舍利弗白言:世尊,文殊师利童真菩萨,先已至此住门外立,我实于后晚来到耳。

【僧译】尔时世尊一切种智,知诸大众悉已在门外,从住处起出至门外,自铺法座结加趺坐。告舍利弗:汝今晨朝来门外乎?

舍利弗白佛言:世尊,文殊师利等菩萨摩诃萨,皆悉先至。

【疏】文殊先到佛所,隐喻文殊先得佛说般若波罗蜜多密意。文殊于本经中所说,与释迦所说密意相同,唯言说不同。

正　分

【奘译】尔时,世尊知而故问曼殊室利言:善男子,汝实先来至此住处,为欲观礼亲近佛耶?

曼殊室利前白佛言:如是,世尊。如是,善逝。何以故?我于如来观礼亲近尝无厌足,为欲利乐诸有情故实先来此。世尊,我今来至此处亲近礼敬观如来者,专为利乐一切有情,非为证得佛菩提故,非为乐观如来身故,非为扰动真法界故,非为分别诸法性故,亦不为余种种事故。我观如来即真如相,无动无作、无所分别无异分别、非即方处非离方处、非有非无、非常非断、非即三世非离三世、无生无灭、无去无来、无染不染、无二不二,心言路绝。若以此等真如之相观于如来,名真见佛,亦名礼敬亲近如来,实于有情能为利乐。

【曼译】尔时世尊问文殊师利:汝实先来到此住处,欲见如来耶?

文殊师利即白佛言:如是,世尊,我实来此欲见如来。何以故?我乐正观利益众生。我观如来,如如相、不异相、不动相、不作相、无生相、无灭相、不有相、不无相。不在方、不离方。非三世、非不三世。非二相、非不二相。非垢相、非净相。以如是等正观如来,利益众生。

【僧译】尔时世尊告文殊师利:汝于晨朝先至门乎?

文殊师利白佛言:如是,世尊,我于中夜见大光明十重照耀,得未曾有,心怀欢喜踊跃无量,故来礼拜亲近如来,并欲愿闻甘露妙法。

尔时世尊告文殊师利:汝今真实见如来乎?

文殊师利白佛言:世尊,如来法身本不可见,我为众生故来见佛。佛法身者不可思议,无相无形,不来不去,非有非无,非见非不见,如如实际,不去不来,非无非非无,非处非非处,非一非二,非净非垢,不生不灭。我见如来亦复如是。

【疏】本段三译,以曼译为优。文殊言,因"乐正观利益众生"而见如来,其密意即是:乐正观识境而见智境,是即乐正观智识双运,非只正观识境,亦非唯见如来。以此之故,以下说观如来诸相,是皆由智识双运而见。由其见如来相,即可知其"不二"。

余二译,缺"正观"一词,密意即晦。

下面经文即有"正观"义。

【奘译】佛告曼殊室利童子:汝作是观为何所见?

曼殊室利白言:世尊,我作是观都无所见,于诸法相亦无所取。

佛言:善哉,善哉,童子,汝能如是观于如来,于一切法心无所取亦无不取,非集非散。

【曼译】佛告文殊师利:若能如是见于如来,心无所取亦无不取,非积聚非不积聚。

【僧译】佛告文殊师利:汝今如是见如来乎?

文殊师利白佛言:世尊,我实无见亦无见相。

【疏】奘译中文殊师利所说(余二译则作为佛说),即说"正观"义。说为"心无所取亦无不取",如是正观。

正观如来须智境与识境双运而观,非只见法身,亦非只见色身,否则即落边际。是故观佛与观众生亦不一不二。

说为"非集非散",佛的色身具五蕴,是即为"集",佛的法身非五蕴身,是即为"散"。"散"是意译,曼译"非积聚非不积聚",较优。

【奘译】时,舍利子谓曼殊室利言:仁能如是亲近礼敬观于如来,甚为希有。虽常慈愍一切有情,而于有情都无所得;虽能化导一切有情令趣涅槃,而无所执;虽为利乐诸有情故擐大甲胄,而于其中不起积集、散坏方便。

时，曼殊室利白舍利子言：如是，如是，如尊所说，我为利乐诸有情故，擐大甲胄令趣涅槃，实于有情及涅槃界所化、所证无得无执。又，舍利子，非我实欲利乐有情擐大甲胄。所以者何？诸有情界无增无减。假使于此一佛土中，有如殑伽沙数诸佛，一一皆住尔所大劫，昼夜常说尔所法门，一一法门各能度脱尔所佛土诸有情类，悉皆令入无余涅槃。如此佛土有如是事，余十方面各如殑伽沙等世界亦复如是。虽有尔所诸佛世尊，经尔所时说尔所法，度脱尔所诸有情类，皆令证入无余涅槃，而有情界亦无增减。何以故？以诸有情自性离故、无边际故，不可增减。

【曼译】尔时舍利弗语文殊师利言：若能如是，如汝所说见如来者，甚为希有。为一切众生故见于如来，而心不取众生之相，化一切众生向于涅槃，而亦不取向于涅槃相。为一切众生发大庄严，而心不见庄严之相。

尔时文殊师利童真菩萨摩诃萨语舍利弗言：如是如是，如汝所说，虽为一切众生发大庄严，心恒不见有众生相。为一切众生发大庄严，而众生界亦不增不减。假使一佛住世，若一劫、若过一劫，如此一佛世界。复有无量无边恒河沙诸佛。如是一一佛，若一劫、若过一劫，昼夜说法心不暂息，各各度于无量恒河沙众生皆入涅槃，而众生界亦不增不减，乃至十方诸佛世界亦复如是。一一诸佛说法教化，各度无量恒河沙众生皆入涅槃，于众生界亦不增不减。何以故？众生定相不可得故。是故众生界不增不减。

【僧译】尔时舍利弗白文殊师利：我今不解汝之所说。云何如是见于如来？

文殊师利答舍利弗：大德舍利弗，我不如是见于如来。

舍利弗白文殊师利：如汝所说，转不可解。

文殊师利答舍利弗：不可解者即般若波罗蜜。般若波罗蜜，非是可解非不可解。

舍利弗白文殊师利：汝于众生起慈悲心不？汝为众生行六波罗蜜不？复为众生入涅槃不？

文殊师利答舍利弗：如汝所说，我为众生起慈悲心，行六波罗蜜，入于涅槃；而众生实不可得，无相无形，不增不减。

舍利弗，汝常作是念：一一世界有恒河沙等诸佛，住世恒河沙劫，说一一法，教化度脱恒河沙众生，一一众生皆得灭度。汝有如是念不？

舍利弗言：文殊师利，我常作是念。

文殊师利答舍利弗：如虚空无数，众生亦无数；虚空不可度，众生亦不可度。何以故？一切众生与虚空等。云何诸佛教化众生？

【疏】曼译言"为一切众生发大庄严"，即是以如来法身功德成就一切世间，由是一切世间皆成为法界庄严。

奘译则为"为利乐诸有情故擐大甲胄"，实与曼译同义，"擐大甲胄"即"发大庄严"。

依曼译复可解说众生界不增不减。由如来法身功德，令一切识境能于智境上随缘自显现，而众生界不增不减，即使"无量恒河沙众生皆入涅槃"，"于众生界亦不增不减"，经中说言，是由于"众生定相不可得故"，所谓"定相"，即是实相，一切识境皆无实相，是故识境情器世间皆无定相，悉缘识境有情由心取相，而成识境一切诸法之相。既非实相，如梦如幻，于法界中众生无增无减。

奘译"以诸有情自性离故"，即说非为"定相"。若为"实相"，即自性不离显现，今说"自性离"，即显现而无有自性，是即非实相，亦即非曼译所说之"定相"。说显现与自性相离，即说显现为似显现。识境中一切法皆为似显现，以本性自性故。此如镜影，若似显现为火，而其自性实无非只是本性（镜性），与所谓火性相离。如是说"自性离"，始能说为"自性空"。

这段经文相当重要，是为文殊师利说般若的意趣，于说自性空时，实说本性自性，与缘生无关。

【奘译】舍利子言：曼殊室利，若诸有情自性离故、无边际故无增减者，何缘菩萨求大菩提欲为有情常说妙法？

曼殊室利言：舍利子，我说有情都不可得，何有菩萨求大菩提欲为有情常说妙法？何以故？舍利子，诸法毕竟不可得故。

佛告曼殊室利童子：若诸有情都不可得，云何施设诸有情界？

曼殊室利白言：世尊，有情界者但假施设。

曼殊室利，设有问汝：有情界者为有几何？汝得彼问当云何答？

世尊，我当作如是答：如佛法数，彼界亦尔。

曼殊室利，设复问汝：有情界者其量云何？汝得彼问复云何答？

世尊，我当作如是答：有情界量如诸佛境。

曼殊室利，设有问言：诸有情界为何所属？汝得彼问复云何答？

世尊，我当作如是答：彼界所属如佛难思。

曼殊室利，设有问言：有情界者为何所住？汝得彼问复云何答？

世尊，我当作如是答：若离染际所应住法，即有情界所应住法。

【曼译】舍利弗复语文殊师利言：若众生界不增不减，何以故菩萨为诸众生求阿耨多罗三藐三菩提，常行说法。文殊师利白佛言：若诸众生悉空相者，亦无菩萨求阿耨多罗三藐三菩提，亦无众生而为说法。何以故？我说法中无有一法当可得故。

尔时佛告文殊师利：若无众生，云何说有众生及众生界。文殊师利言：众生界相如诸佛界。又问：众生界者是有量耶。答曰：众生界量如佛界量。又问：众生界量有处所不。答曰：众生界量不可思议。又问：众生界相为有住不。答曰：众生无住，犹如空住。

【僧译】舍利弗言：若一切众生与虚空等，汝何故为众生说法令得菩提？

文殊师利答舍利弗：菩提者实不可得，我当说何法使众生得乎？

何以故？舍利弗，菩提与众生，不一不二，无异无为，无名无相，实无所有。

尔时世尊出大人相肉髻光明，殊特希有，不可称说。入文殊师利菩萨摩诃萨法王子顶，还从顶出普照大众。照大众已，乃遍十方一切世界。是时大众触此光明，身心快乐得未曾有。皆从座起，瞻仰世尊及文殊师利，咸作是念：今日如来放此奇特微妙光明，入文殊师利法王子顶，还从顶出普照大众，照大众已乃遍十方。非无因缘，必说妙法。我等但当勤修精进，乐如说行。

如是念已，各白佛言：世尊，如来今日放此光明，非无因缘，必说妙法。我等渴仰，乐如说行。

如是白已，默然而住。

尔时文殊师利白佛言：世尊，如来放光加我神力，此光希有，非色非相，不去不来，不动不静，非见非闻，非觉非知。一切众生无所观见，无喜无畏，无所分别。我当承佛圣旨，说此光明，令诸众生入无想慧。

尔时佛告文殊师利：善哉，善哉。汝善快说，吾助汝喜。

文殊师利白佛言：世尊，此光明者是般若波罗蜜，般若波罗蜜者是如来，如来者是一切众生。世尊，我如是修般若波罗蜜。

尔时佛告文殊师利言：善男子，汝今如是说深般若波罗蜜。我今问汝，若有人问汝：有几众生界。汝云何答？

文殊师利白佛言：世尊，若人作如是问，我当答言：众生界数如如来界。

文殊师利，若复问汝：众生界广狭云何。汝云何答？

文殊师利白佛言：世尊，若人作如是问，我当答言：如佛界广狭。

文殊师利，若复问汝：众生界系在何处。当云何答？

世尊，我当答言：如如来系，众生亦尔。

文殊师利，若复问汝：众生界住在何处。当云何答？

世尊，我当答言：住涅槃界。

【疏】文殊说"我说法中无一法当可得",因此佛便问他:"若无众生,云何说有众生及众生界。"那便是说,佛所说法为识境中的言说,一如众生,为识境中的自显现,若说无法可得,便当先理解,为什么说无众生。

这一问,即是问识境的成立,云何说之为无。文殊的回答,若按玄奘异译,则为:"世尊,有情界者但假施设。"因是假施设,故说之为无,但既成施设,是故亦可说有众生、有众生界。

一切识境皆以智境为基而成立,所以就说:众生境如佛境,其量亦如诸佛境。

佛问有情何所住,依玄奘译,文殊答言:"若离染际所应住法,即有情界所应住法。"这即是说,智境所住即识境之所住。"离染际所应住法"即是智境上随缘自显现的识境法。

僧译与余二译不同,当依广本。

【奘译】曼殊室利,汝修般若波罗蜜多为何所住?

世尊,我修甚深般若波罗蜜多都无所住。

曼殊室利,无所住者云何能修甚深般若波罗蜜多?

世尊,我由无所住故能修般若波罗蜜多。

曼殊室利,汝修般若波罗蜜多,于善于恶何增何减?

世尊,我修甚深般若波罗蜜多,于善于恶无增无减。世尊,我修甚深般若波罗蜜多,于一切法亦无增减。世尊,般若波罗蜜多出现世间,不为增减一切法故。

【曼译】佛告文殊师利:如是修般若波罗蜜时,当云何住般若波罗蜜?

文殊师利言:以不住法为住般若波罗蜜。

佛复问文殊师利:云何不住法名住般若波罗蜜?

文殊师利言:以无住相即住般若波罗蜜。

佛复告文殊师利：如是住般若波罗蜜时，是诸善根云何增长、云何损减？

文殊师利言：若能如是住般若波罗蜜，于诸善根无增无减、于一切法亦无增无减，是般若波罗蜜性相亦无增无减。

【僧译】佛告文殊师利：汝如是修般若波罗蜜，般若波罗蜜有住处不？

文殊师利白佛言：世尊，般若波罗蜜无有住处。

佛告文殊师利：若般若波罗蜜无住处者，汝云何修。云何学？

文殊师利白佛言：世尊，若般若波罗蜜有住处者，则无修学。

佛告文殊师利：汝修般若时，有善根增减不？

文殊师利白佛言：世尊，无有善根可增可减，若有增减则非修般若波罗蜜。世尊，不为法增、不为法减，是修般若波罗蜜。

【疏】文殊如是答，亦未明说何以识境不异智境，所以释迦追问，行者应如何住般若波罗蜜多，这亦等于追问，识境如何住于智境。

文殊答言，由无所住而住，于是释迦便再问：若无所住而住，则善恶如何增减。这是用识境的现象来问，因为识境中一切现象都真实，是故即有善恶分别，既有分别，即成增减。文殊即以一切法无增无减作答。玄奘译言："般若波罗蜜多出现世间，不为增减一切法故。"较曼译明白，即谓佛说般若波罗蜜多，不是用般若来为世间增长善法、减损恶法。

此处强调一切法不增不减，是即离识境而说，亦即奘译之所谓"自性离"，由"自性离"而说。释迦于三转法轮说如来藏时，强调不增不减，故有《不增不减经》说如来藏。由是即知，此处文殊师利说般若，亦说不增不减，实即将如来藏与般若视为同义。由说如来藏而明深般若，故知深般若法门即是如来藏法门。

【奘译】世尊，修学甚深般若波罗蜜多，不为弃舍异生等法，不为摄受一切佛法。所以者何？甚深般若波罗蜜多不为舍法、得法故起。世尊,修学甚深般若波罗蜜多,不为厌离生死过失,不为欣乐涅槃功德。所以者何?修此法者不见生死,况有厌离。不见涅槃,况有欣乐。世尊,修学甚深般若波罗蜜多,不见诸法有劣有胜、有失有得、可舍可取。世尊,修学甚深般若波罗蜜多,不得诸法可增可减。所以者何?非真法界有增有减。世尊,若能如是修者,名真修学甚深般若波罗蜜多。

复次,世尊,若修般若波罗蜜多,于一切法不增不减,名真修学甚深般若波罗蜜多;若修般若波罗蜜多,于一切法不生不灭,名真修学甚深般若波罗蜜多;若修般若波罗蜜多,于一切法不见增减,名真修学甚深般若波罗蜜多;若修般若波罗蜜多,于一切法不见生灭,名真修学甚深般若波罗蜜多。

复次,世尊,若修般若波罗蜜多,于一切法无所思惟,若多若少俱无希愿,能、所希愿及希愿者皆不取著,名真修学甚深般若波罗蜜多;若修般若波罗蜜多,不见诸法有好有丑、有高有下,名真修学甚深般若波罗蜜多。

复次,世尊,善男子等若修般若波罗蜜多,于诸法中不得胜劣,谓都不见此胜此劣,是真般若波罗蜜多。所以者何?真如、法界、法性、实际无胜无劣。若如是修,名真修学甚深般若波罗蜜多。

【曼译】世尊,如是修般若波罗蜜,则不舍凡夫法,亦不取贤圣法。何以故?般若波罗蜜不见有法可取可舍,如是修般若波罗蜜,亦不见涅槃可乐,生死可厌。何以故?不见生死况复厌离,不见涅槃何况乐著。如是修般若波罗蜜,不见垢恼可舍,亦不见功德可取,于一切法心无增减。何以故?不见法界有增减故。世尊,若能如是,是名修般若波罗蜜。世尊,不见诸法有生有灭,是修般若波罗蜜。世尊,不见诸法有增有减,是修般若波罗蜜。世尊,心无恓取。不见法相有可取者,是修般若波罗蜜。世尊,不见好丑、不生高下、不作取舍。何以故?法无好丑,离诸相故;法无高下,等法性故;法无取舍,住实际故,是修般若波罗蜜。

【僧译】不断凡夫法、不取如来法,是修般若波罗蜜。何以故?世

尊,般若波罗蜜,不为得法故修,不为不得法故修;不为修法故修,不为
不修法故修。世尊,无得无舍,是修般若波罗蜜。何以故?不为生死过
患,不为涅槃功德故。世尊,若如是修般若波罗蜜,不取不受,不舍不
放,不增不减,不起不灭故。世尊,若善男子、善女人,作是思惟:此法
上,此法中,此法下。非修般若波罗蜜。何以故?无上、中、下法故。世
尊,我如是修般若波罗蜜。

【疏】修般若波罗蜜多,须见法界不增不减,此即无相法门,于识境
中离一切诸法相,亦即不落名言与句义来见识境中的种种现象,是即无
相而见一切法相。这是观修般若的决定见。

持此决定见观修,即证无二,亦即现证智识双运,依此现证,即不见
轮回涅槃,离相对法,不见胜劣、得失、无有取舍。能离相对,即是知一
切诸法依于智境,如荧光屏影像依于荧光屏,一切相对只是影像的建
立,对荧光屏则无可建立,由是对智识双运界即离言思,即不可持识境
的名言句义来思议。

此段经文总说无相、无愿解脱门。要旨为"于一切法不增不减""于
一切法无所思惟"。如是即入无分别,亦无所得。

空、无相、无愿三解脱门,有人认为应以空为基础来证,是即由空建
立无相、由空建立无愿,由本段经文即可知其不然。此三解脱门,由不
舍凡夫法、不舍圣贤法而证,是则不偏于空,亦不偏于有,是故三解脱门
皆由乐空双运而证,亦即由智识双运而证,此智识双运境界,本质已具
三解脱故。

【奘译】佛告曼殊室利童子:诸佛妙法岂亦不胜?

曼殊室利白言:世尊,诸佛妙法不可取故,亦不可言是胜是劣,如
来岂不证诸法空?

世尊答言:如是,童子。

曼殊室利复白佛言:诸法空中何有胜劣?

世尊赞曰：善哉，善哉，如是，如是，如汝所说。曼殊室利，佛法岂不是无上耶？

如是，世尊，一切佛法虽实无上，而于其中无法可得，故不可说佛法无上。

复次，世尊，善男子等若修般若波罗蜜多，不欲住持一切佛法，不欲调伏异生法等；甚深般若波罗蜜多，于诸佛法、异生法等，不欲增长及调伏故，于一切法无分别故。若如是修，名真修学甚深般若波罗蜜多。

【曼译】佛告文殊师利：是诸佛法得不胜乎。文殊师利言：我不见诸法有胜如相。如来自觉一切法空是可证知。佛告文殊师利：如是如是。如来正觉自证空法。

文殊师利白佛言世尊：是空法中当有胜如而可得耶。佛言：善哉善哉。文殊师利，如汝所说是真法乎。谓文殊师利言：阿耨多罗是名佛法。文殊师利言：如佛所说，阿耨多罗是名佛法，何以故无法可得名阿耨多罗。文殊师利言：如是修般若波罗蜜不名法器，非化凡夫法，亦非佛法，非增长法，是修般若波罗蜜。复次世尊，修般若波罗蜜时，不见有法可分别思惟。

【僧译】佛告文殊师利：一切佛法非增上耶？

文殊师利白佛言：世尊，佛法、菩萨法、声闻法、缘觉法，乃至凡夫法，皆不可得。何以故？毕竟空故。毕竟空中，无佛法、凡夫法。凡夫法中，无毕竟空。何以故？空不空不可得故。

佛告文殊师利：佛法无上不？

文殊师利白佛言：世尊，无有一法如微尘许，名为无上。何以故？檀波罗蜜檀波罗蜜空，乃至般若波罗蜜般若波罗蜜空，十力十力空，四无所畏、十八不共法，乃至萨婆若萨婆若空。空中无无上，无上中无空。空不空毕竟不可得故。世尊！不可思议法是般若波罗蜜。

【疏】因文殊说无胜劣，是故佛问文殊，佛法岂不胜于世间法？文殊即答言，如来自证一切法空，即自证一切法无有胜劣。此处说证一切法空,实说智识双运境界,于此境界中,一切法自性即是本性,如荧光屏中一切影像自性,实即荧光屏本性,如是说空,始能说一切法无有胜劣。若由缘生说空,因缘已有胜劣分别,由因缘所生之法,当然亦有胜劣,如是便不能说,证一切法空即自证一切法无有胜劣。若净言,于空性中因缘亦无胜劣,那便是否定了因缘的力用,故不应理。今说智识双运境,由是说本性自性,对性相用三者都不否定,是故无净。

至于,为什么诸法无有胜劣,这即是《入楞伽经》所说的"唯心所自见",是即如其所见而见,是故诸法实相名之为"如"。凡夫说有胜劣,完全是因为基于名言句义而成立相对,此为大、此为小;此为胜、此为劣。若如其所见而见,离名言句义而见,即离相对,离二法,由是即无胜劣的分别。

由此广申,一切诸法即无分别。世间一切法(奘译"世间法"为"异生法")皆由相依相对而成立,依相依相对即有分别,若离相依相对即离分别。如离子之名即无父之名,又如离胜之名即无劣之名,前者离相依,后者离相对。故此段经文,即由离名言句义而离分别,以名言句义不落于相依即落于相对故。

【奘译】复次,世尊,善男子等若修般若波罗蜜多,不见诸法有可思惟、可分别者。

曼殊室利,汝于佛法岂不思惟?

不也,世尊,我若见有真实佛法,应可思惟,然我不见。

世尊,般若波罗蜜多不为分别诸法故起,谓不分别是异生法、是声闻法、是独觉法、是菩萨法、是如来法。善男子等精勤修学甚深般若波罗蜜多,于诸法中都无所得亦无所说,谓不说有异生法性,亦不说有声闻乃至如来法性。所以者何?此诸法性皆毕竟空、不可见故。若如是修,名真修学甚深般若波罗蜜多。

复次,世尊,善男子等勤修般若波罗蜜多,不作是念:此是欲界,此是色界,此无色界,此是灭界。所以者何?甚深般若波罗蜜多不见有法是可灭者。若如是修，名真修学甚深般若波罗蜜多。

【曼译】佛告文殊师利：汝于佛法不思惟耶？文殊师利言：不也，世尊，如我思惟不见佛法，亦不可分别是凡夫法、是声闻法、是辟支佛法。如是名为无上佛法。

复次修般若波罗蜜时，不见凡夫相、不见佛法相、不见诸法有决定相，是为修般若波罗蜜。复次，修般若波罗蜜时，不见欲界、不见色界、不见无色界、不见寂灭界。何以故？不见有法是尽灭相，是修般若波罗蜜。

【僧译】佛告文殊师利：汝不思惟佛法耶？

文殊师利白佛言：世尊，我若思惟佛法，我则见佛法无上。何以故？无上无故。世尊，五阴、十二入、十八界，毕竟不可得，一切佛法亦不可得。不可得中，无可得、不可得故。世尊，般若波罗蜜中，凡夫乃至佛，无法无非法。我当思惟何法？

佛言：善男子，若无思惟，汝不应说：此凡夫法，此缘觉法。乃至不应说：此是佛法。何以故？不可得故。

世尊，我实不说凡夫法乃至佛法。何以故？不修般若波罗蜜故。

佛言：善男子，汝亦不应作如是意：此欲界，此色界，此无色界。何以故？不可得故。

世尊，欲界欲界性空，乃至无色界无色界性空。空中无说，我亦无说。

【疏】此处三译参差，各具不同义理，若按奘译，则是由无相门说深般若波罗蜜多。曼译尚由相而说，僧译则支离破碎，此非所据梵本有异，实为笔受者所误。

佛因为文殊说"不见有法可分别思惟"，因此便问文殊，于佛法亦不思维？文殊即由无相门而说，于一切相无分别，即不应由相起思维。若不由相起思维，则于相中无法可得。

依如来藏思想，相即是识境中一切名言与现象，佛的言说亦可称为相，佛不能离相而施设言说，所以佛的密意虽然无上，但对其言说亦应离相而见，然后才能见到密意。此即文殊说无相而见般若波罗蜜多的理趣。是即不见凡夫相、佛法相，由不见一切诸相，即见般若。由是经言："谓不分别是异生法、是声闻法、是独觉法、是菩萨法、是如来法。"以无诸法故，是即无诸法之性，由是经言："谓不说有异生法性，亦不说有声闻乃至如来法性。"以既无诸法自性，是则于识境及智境即不应分别，由是经言："不作是念：此是欲界，此是色界，此无色界，此是灭界。"此中欲界、色界、无色界即是识境，灭界（寂灭界）即是智境。

此中所说的层次可整理如下：
由离名言句义而成无相；由无相故，即无一切诸法；由无一切诸法故，即无一切诸法自性；由无一切诸法自性故，即无智境与识境的分别。

在这里，应注意到，先成立无相，然后才成立一切诸法无自性，这恰恰跟近人的说法相反。近人每多认为，先由缘生成立无自性，然后才由无自性成立无相，这是不理解观修，但凭推理的猜想，所以他们便落在"般若"此名言上，又由"般若"落入"空"此名言，且为此名言所困，对佛法便只能凭推理来认知。这种错见一旦传播，便诽谤了佛的密意。诽拨如来藏的人，实应由此深思。

上面所说，可以说是观修的次第。由此观修，即可由智境识境无分别而得决定，智境与识境恒时双运，因为若非双运，则有分别。此如一手，若非手掌与手背双运而成一手，则手掌与手背必成分别，若双运时，二者恒不异离而成一手，是即无可分别。不能说手掌为手，亦不能说手背为手故。于此已成如来藏义理，经中则说为深般若波罗蜜多义理。

【奘译】复次，世尊，若修般若波罗蜜多，于一切法不作恩怨。何以故？甚深般若波罗蜜多不为住持一切佛法，不为弃舍异生等法。

【曼译】复次,修般若波罗蜜时,不见作恩者、不见报恩者,思惟二相,心无分别,是修般若波罗蜜。

【僧译】世尊,修般若波罗蜜,不见上不见不上。何以故?

【疏】奘译较晦,依曼译以"作恩""报恩"为"二相",是即说识境相皆由相依、相对而成立,是为"二相",因此总的来说,离"二相"便"心无分别"。此总结无相门的意趣。

然而,奘译的"于一切法不作恩怨",亦可以这样理解,以一切佛法为恩,以一切异生法为怨,这样亦是相对的二相。此即谓,行者唯欲依于佛法,而以世间法为怨雠,如是即落相对,即成分别,所修即非般若;离二相,心无分别,是修般若波罗蜜多。

依宁玛派传授,行者须修"无念",始能入无相,这便即是般若波罗蜜多的观修。因为无念,便即是心相续离名言句义。能得离名言句义而见,便即"唯心所自见",是即入无相而见。

【奘译】所以者何?善男子等勤修般若波罗蜜多,于佛法中不欲证得、不欲灭坏异生等法,达一切法性平等故。若如是修,名真修学甚深般若波罗蜜多。

【曼译】复次,修般若波罗蜜时,不见般若波罗蜜;复次,修般若波罗蜜时,不见是佛法可取,不见是凡夫法可舍,是修般若波罗蜜。

复次修般若波罗蜜时,不见凡夫法可灭,亦不见佛法而心证知,是修般若波罗蜜。

【僧译】世尊,修般若波罗蜜,不取佛法,不舍凡夫法。何以故?毕竟空中无取舍故。

【疏】奘译"达一切法性平等"句,即言,于无相中则一切法本性自性平等,由是即离佛法、凡夫法的取舍分别,是即般若波罗蜜多。本段经文是解释,何以离相即无分别。

在这里,再重复上说来作解释。

若欲用言说为般若下一定义,因凡有言说皆不平等,皆有分别,是故凡持言说而说,即非般若波罗蜜多。现在有些学人,以为"缘生性空"即是般若,这是对"缘生性空"的误解,以为一切诸法自性空,即由于缘生,而不知一切诸法由缘生而成有,于识境中,可分别这些缘生有的自性,当知其自性即为本性时,才可以说为性空,这才是龙树的本意。在《大宝积经·无边庄严会》中已说及此。若依瑜伽行,则可以说缘生成为有,当超越缘生时,即可说其为性空,在这里,超越缘生,亦即是见一切法的自性为本性。所谓本性,前已言,即如镜影以镜性为本性,所以一切镜影的自性,其本性即可说为镜性。一切诸法,依如来法身而成立,若说如来法身为空性,则一切诸法为空性。如是所言,即是深般若波罗蜜多。

【奘译】尔时,世尊即便赞曰:曼殊室利,善哉,善哉。汝今乃能说甚深法,与诸菩萨摩诃萨众作真法印,亦与声闻及独觉等增上慢者作大法印,令如实知先所通达非真究竟。

曼殊室利,若善男子、善女人等闻是深法,心不沉没亦不惊怖,当知是人非于一佛乃至千佛种诸善根,定于无量无边佛所种诸善根,乃能闻是甚深般若波罗蜜多,心不沉没亦不惊怖。

【曼译】佛告文殊师利:善哉善哉,汝能如是善说甚深般若波罗蜜相,是诸菩萨摩诃萨所学法印,乃至声闻缘觉学无学人,亦当不离是印而修道果。

佛告文殊师利:若人得闻是法,不惊不畏者,不从千佛所种诸善根,乃至百千万亿佛所久殖德本,乃能于是甚深般若波罗蜜,不惊不怖。

【僧译】佛告文殊师利:善哉,善哉,汝能如是说深般若波罗蜜,此是菩萨摩诃萨印。文殊师利,若善男子、善女人,非于千万佛所深种善根得闻此法,乃于无量无边佛所深种善根乃得闻此甚深般若波罗蜜,不生怖畏。

【疏】此处以曼译为优。曼译言,佛赞叹文殊所说为"甚深般若波罗蜜多相",此即谓无相解脱门即甚深般若相。由此赞叹,引发文殊说深般若。

然而,曼译却未译出,深般若波罗蜜多能"与诸菩萨摩诃萨众作真法印,亦与声闻及独觉等增上慢者作大法印",此应为漏译。说般若能作法印,其实相当重要,所谓大法印(大印、大手印),即是由清净的证量,将心性与法性相印,由是成心性与法性双运境,亦即智识双运境,由是即成行人观修的决定与现证,故此处又以奘译为优。由法印义,亦引发文殊说深般若。

【奘译】尔时,曼殊室利童子合掌恭敬,复白佛言:我欲更说甚深般若波罗蜜多,唯愿开许。

佛告曼殊室利童子:汝欲说者,随汝意说。

曼殊室利便白佛言:世尊,若修甚深般若波罗蜜多,于法不得是可住者,亦复不得是不可住,当知如是甚深般若波罗蜜多不缘法住。何以故?以一切法无所缘故。世尊,若能如是修者,名真修学甚深般若波罗蜜多,于一切法不取相故。

复次,世尊。应观如是甚深般若波罗蜜多,不现前观诸法性相,谓于佛法尚不现观,况菩萨法。于菩萨法尚不现观,况独觉法。于独觉法尚不现观,况声闻法。于声闻法尚不现观,况异生法。何以故?以一切法性相离故。

复次,世尊,依修如是甚深般若波罗蜜多,于诸法中无所分别,谓不分别是可思议、不可思议法性差别,当知菩萨摩诃萨众修行般若波罗蜜多,于诸法中都无分别。

复次,世尊,依修如是甚深般若波罗蜜多,一切法中都不见有此是佛法、此非佛法,此可思议、此不可思议,以一切法无差别性故。若诸有情能修如是甚深般若波罗蜜多,观一切法皆是佛法,顺菩提故;观一切法皆不思议,毕竟空故,是诸有情已曾亲近、供养恭敬多百千佛种诸善根,乃能如是修行般若波罗蜜多。

复次,世尊,若善男子、善女人等,闻说如是甚深般若波罗蜜多,心不沉没亦不惊怖,当知过去已曾亲近、供养恭敬多百千佛种诸善根乃能如是。

复次,世尊,应观如是甚深般若波罗蜜多,若能勤修,则于诸法不见杂染不见清净;虽无所见,而能勤修甚深般若波罗蜜多,于一切时心无厌倦。

复次,世尊,若修如是甚深般若波罗蜜多,于诸异生、声闻、独觉、菩萨、佛法无差别想,了此等法毕竟空故。若能如是,名真修学甚深般若波罗蜜多。

【曼译】文殊师利白佛言:世尊,我今更说般若波罗蜜义。

佛言:便说。

世尊,修般若波罗蜜时,不见法是应住是不应住,亦不见境界可取舍相。何以故?如诸如来不见一切法境界相故,乃至不见诸佛境界,况取声闻、缘觉、凡夫境界。不取思议相,亦不取不思议相;不见诸法有若干相;自证空法不可思议。如是菩萨摩诃萨,皆已供养无量百千万亿诸佛种诸善根,乃能于是甚深般若波罗蜜不惊不怖。

复次,修行般若波罗蜜时,不见缚不见解,而于凡夫乃至三乘不见差别相,是修般若波罗蜜。

【僧译】文殊师利复白佛言:世尊,我承佛威神,当更说甚深般若波罗蜜。

佛告文殊师利:善哉,善哉,恣听汝说。

文殊师利白佛言:世尊,若不得法生,是修般若波罗蜜。何以故?诸法无有生故。若不得法住,是修般若波罗蜜。何以故?诸法如实故。若不得灭,是修般若波罗蜜。何以故?诸法寂灭故。

世尊，若不得色，是修般若波罗蜜，乃至不得识，是修般若波罗蜜。何以故？一切诸法如幻如焰故。

世尊，若不得眼，是修般若波罗蜜，乃至不得意，是修般若波罗蜜。若不得色乃至法，不得眼界、色界、眼识界，乃至不得法界、意识界，是修般若波罗蜜。若不得欲界，是修般若波罗蜜，乃至无色界亦如是。

世尊，若不得檀波罗蜜，是修般若波罗蜜，乃至不得般若波罗蜜，是修般若波罗蜜。若不得佛十力、四无所畏乃至十八不共法，是修般若波罗蜜。何以故？内空故，乃至无法、有法空故。

世尊，若得生、住、灭，非修般若波罗蜜。若得五阴、十二入、十八界，非修般若波罗蜜。若得欲界、色界、无色界，非修般若波罗蜜。若得檀乃至般若，若得佛十力乃至十八不共法，非修般若波罗蜜。何以故？以有得故。

世尊，若善男子、善女人，闻此甚深般若波罗蜜，不惊不疑，不怖不退，当知是人久于先佛深种善根。

文殊师利复白佛言：世尊，若不见垢法、净法，不见生死果，不见涅槃果，不见佛，不见菩萨，不见缘觉，不见声闻，不见凡夫，是修般若波罗蜜。何以故？一切诸法无垢无净，乃至无凡夫故。世尊，若见垢净乃至见凡夫，非修般若波罗蜜。世尊，若见垢法差别，净法差别，乃至见佛差别，凡夫法差别，非修般若波罗蜜。何以故？般若波罗蜜无差别故。

【疏】曼译简明，僧译则多增文，其增文当为译师对笔受者的解释，细说云何不住于法。

若依奘译，则文殊般若的观修次第为：

无所缘故无所住；以无所住故，即不现前观诸法性相（曼译作"不见一切法境界相"）；不见境界相，即于诸法无所分别。

这观修次第承接上来的观修次第，上来次第是观修无相，此处次第是由观修无相进而观修诸法无有分别。

于此可对"不现前观诸法性相"(曼译作"诸如来不见一切法境界相")略作说明。这里说的性相(境界相),是识境境界。凡夫对于识境境界,都由二取而成立,当有二取时,随之有名言。如能见山,即以山为所取,既有所取,即将所取成立名言为"山"。于见山之时,山成二取显现;当成立"山"此名言之后,即成名言显现,由是一切境界相,都实在是依名言而显现。此如当有人说"北京",听者很容易便起一个"天安门相",因为天安门是北京的地标,这即是名言显现。

若能尽离名言句义,即能离二取,于是由相无取舍,而得证深般若波罗蜜多,入无分别。

其后经文说无分别。

依奘译,所说次第为"不现前观诸法性相""于诸法中无所分别""一切法中都不见有此是佛法、此非佛法,此可思议、此不可思议",这是观修般若波罗蜜多的现证次第,即由上来观修而成此现证。

【奘译】佛告曼殊室利童子:汝已亲近、供养几佛?

曼殊室利白言:世尊,我已亲近、供养佛数量同幻士心、心所法,以一切法皆如幻故。

曼殊室利,汝于佛法岂不趣求?

世尊,我今不见有法非佛法者,何所趣求?

曼殊室利,汝于佛法已成就耶?

世尊,我今都不见法可名佛法,何所成就?

【曼译】佛告文殊师利:汝已供养几所诸佛? 文殊师利言:我及诸佛如幻化相,不见供养及与受者。

佛告文殊师利:汝今可不住佛乘耶? 文殊师利言:如我思惟不见一法,云何当得住于佛乘。

佛言:文殊师利,汝不得佛乘乎? 文殊师利言:如佛乘者但有名字,非可得亦不可见,我云何得?

【僧译】佛告文殊师利：善哉，善哉，是真修行般若波罗蜜。文殊师利，汝云何供养佛？

文殊师利白佛言：世尊，若幻人心数灭，我则供养佛。

佛告文殊师利：汝不住佛法耶？

文殊白佛：佛无法可住，我云何住？

佛告文殊师利：若无法可得，谁有佛法？

文殊白佛言：世尊，无有有佛法者。

【疏】观修般若波罗蜜多入无分别，然而，观修深般若波罗蜜多，则更须无所得，故此处即由无分别说至无所得。

深般若波罗蜜多无供养者、无受供养者，以皆为幻相故。但这里并没有否定供养的功能，是故应不着相而供、不着相而受，于供物亦不着相，是为三轮体空，如是即无所得。

佛问文殊："汝于佛法岂不趣求？"即是问他住不住佛法，其实是问他对佛法有无所得；佛问文殊："汝于佛法已成就耶？"更是直接问他于佛法有无所得。

文殊答言："我今不见有法非佛法者，何所趣求？"又答："我今都不见法可名佛法，何所成就？"是即由无分别而现证无所得。

若以无相而见一法，诸法唯有名字，是则"无法可住、无法可得"。无法可住，是无分别；无法可得，是无所得。一切众生成佛由无分别、无所得，证无上觉、大涅槃。故无分别与无所得即成佛法门，是文殊师利所说即为甚深般若波罗蜜多。

由上面现观次第，至本段经文，归结为无分别与无所得。下面则更细说无分别、无所得二者。

【奘译】曼殊室利，汝岂不得无著性耶？

世尊，我今即无著性，岂无著性复得无著？

【曼译】佛言：文殊师利，汝得无碍智乎？文殊师利言：我即无碍，云何以无碍而得无碍。

【僧译】佛告文殊师利：汝已到无所著乎？

文殊师利白佛：无著则无到。云何世尊问已到无著？

【疏】奘译"无著性"，曼译为"无碍智"。"无碍智"应为异译，以无所著即为无碍。无著性者，即无所住而住，不着于识境。既不着于识境，即无障碍，是故亦名无碍智。

复次，若不识任运圆成而成立识境，即于缘起尚未通达，如是，唯有落于依他，亦即落于相依相对，是则必有所著而有所住，若通达相碍缘起，知一切法无所著而任运圆成（能任运即无所著），是即能由任运而知无碍，是亦即知一切诸法圆成自性。

由是可说，无著性、无碍智、圆成自性皆为法异门。

僧译"无著则无到"，此"无到"即是无住、无所著。

【奘译】曼殊室利，汝不当坐菩提座耶？

世尊，诸佛于菩提座尚无坐义，况我能坐。何以故？以一切法皆用实际为定量故，于实际中坐及坐者俱不可得。

曼殊室利，言实际者，是何增语？

世尊，实际当知即是伪身增语。

曼殊室利，云何伪身可名实际？

世尊，实际无去无来、非真非伪，身非身相俱不可得，伪身亦尔，是故伪身即是实际。

【曼译】佛言：汝坐道场乎？文殊师利言：一切如来不坐道场，我今云何独坐道场。何以故？现见诸法住实际故。

佛言：云何名实际。文殊师利言：身见等是实际。佛言：云何身见是实际。文殊师利言：身见如相，非实非不实，不来不去，亦身非身，是名实际。

【僧译】佛告文殊：汝住菩提不？

文殊白佛言：世尊，佛尚不住菩提，何况我当住菩提乎？

佛告文殊师利：汝何所依，作如是说？

文殊师利白佛：我无所依作如是说。

佛告文殊：汝若无依，为何所说？

文殊白佛：如是，世尊，我无所说。何以故？一切诸法无名字故。

【疏】此处玄奘译文最为详实。由不坐菩提座，而说及一切法皆用实际为定量。所谓以实际为定量，即以智境与识境双运的境界为定量，亦可说为以"不二"境界为定量、以如来藏境界为定量。

由于"实际"一词亦是名言，是故佛问文殊："言实际者，是何增语"，此即谓"实际"亦是名言增上。然则依何而增上？文殊答言，依"伪身"而增上。所谓"伪身"，即似显现身，是即"身见"。

何谓"身见"？是即依似显现而见，所见即为"身相"。

身之实际离来去，是即离时间，以来去即依时间而成立故；离真伪，是即离空间，以身唯落一空间为真实，离此空间即非真实，如我等世间一切身，唯于三度空间始为真实。故若离时空，则"身""非身"见皆不可得，如是即名实际。身见如是，伪身见亦如是（显现如是，似显现亦如是）。以此之故，似显现即与实相（实际）平等，所以可以说"是故伪身即是实际"。既然如此，则伪身不可得，实际亦不可得。不可得之伪身，是名伪身；不可得之实际，是名实际。

此段经文，即说显现、似显现皆不可得，是说无所得。

【奘译】时舍利子便白佛言：若诸菩萨闻说如是甚深般若波罗蜜多，心不沉没亦不惊怖，是诸菩萨定趣菩提不复退转。

慈氏菩萨复白佛言：若诸菩萨闻说如是甚深般若波罗蜜多，心不沉没亦不惊怖，是诸菩萨已近无上正等菩提。何以故？是诸菩萨现觉法性离一切分别如大菩提故。

曼殊室利亦白佛言：若诸菩萨闻说如是甚深般若波罗蜜多，心不沉没亦不惊怖,是诸菩萨如佛世尊堪受世间供养恭敬。何以故? 于一切法觉实性故。

【曼译】舍利弗白佛言:世尊,若于斯义谛了决定,是名菩萨摩诃萨。何以故? 能闻如是甚深般若波罗蜜相,心不惊不怖、不没不悔。

弥勒菩萨白佛言:世尊,得闻如是般若波罗蜜,具足法相,是即近于佛坐。何以故? 如来现觉此法相故。

文殊师利白佛言:世尊,得闻甚深般若波罗蜜,能不惊不怖不没不悔,当知此人即是见佛。

【僧译】尔时长老舍利弗白佛言:世尊,若菩萨摩诃萨,闻此深法,不惊疑怖畏,必定得近阿耨多罗三藐三菩提不?

尔时弥勒菩萨白佛言:世尊,若诸菩萨摩诃萨,闻此深法,不惊疑怖畏,得近阿耨多罗三藐三菩提不?

【疏】舍利弗、弥勒、文殊三位圣者所言,即是声闻乘的罗汉、菩萨乘的瑜伽行师,菩萨乘的中观师,都赞叹深般若波罗蜜多其为殊胜,"已近无上正等菩提","于一切法觉实性"。由是总结上来所说的见、修。

然而三位圣者的着眼点却有所不同,舍利弗的着眼点是,得深般若,可趣入菩提,这是由见地而说;弥勒由观修着眼,现证深般若已近菩提,即是接近成佛;文殊师利则不说成佛,只是说堪如佛受供养,那是因为于不二法门中,佛与众生平等,故无佛可成,是故不说菩提,若说菩提,即偏于智境。

关于弥勒所说,还可一谈。弥勒言:"是诸菩萨现觉法性离一切分别如大菩提故。"这里是说,得无分别即证大菩提。因为依瑜伽行,菩提与涅槃有区别,在这里,是说由无分别得大菩提,由无所得得大涅槃。

在《成唯识论》中,则说转烦恼障得大涅槃,转所知障得无上觉(大菩提),即等于说,断烦恼障得涅槃,断所知障得菩提。如果理解烦恼障即是分别,所知障即是所得,那么便是无分别得大菩提,无所得得大涅槃。这说法又与弥勒在这里的说法不同。

【奘译】时有女人名无缘虑,合掌恭敬白言:世尊,若诸有情闻说如是甚深般若波罗蜜多,心不沉没亦不惊怖,是诸有情于异生法、若声闻法、若独觉法、若菩萨法、若如来法皆不缘虑。所以者何?达一切法都无所有,能所、缘虑俱不可得。

尔时,佛告舍利子等:如是,如是,如汝所说。若善男子、善女人等,闻说如是甚深般若波罗蜜多,心不沉没亦不惊怖,是善男子、善女人等当知已住不退转地,定趣菩提不复退转。舍利子等,若诸有情闻说如是甚深般若波罗蜜多,心不沉没亦不惊怖,欢喜、信乐、听闻、受持,转为他说心无厌倦,是诸有情能为一切真实广大殊胜施主,能施一切无上财宝,具足布施波罗蜜多;是诸有情净戒圆满,具真净戒、具胜净戒,净戒功德皆已圆满,具足净戒波罗蜜多;是诸有情安忍圆满,具真安忍、具胜安忍,安忍功德皆已圆满,具足安忍波罗蜜多;是诸有情精进圆满,具真精进、具胜精进,精进功德皆已圆满,具足精进波罗蜜多;是诸有情静虑圆满,具真静虑、具胜静虑,静虑功德皆已圆满,具足静虑波罗蜜多;是诸有情般若圆满,具真般若、具胜般若,般若功德皆已圆满,具足般若波罗蜜多;是诸有情成就真胜慈、悲、喜、舍,亦能为他宣说、开示甚深般若波罗蜜多。

【曼译】尔时,复有无相优婆夷白佛言:世尊,凡夫法、声闻法、辟支佛法、佛法,是诸法皆无相,是故于所从闻般若波罗蜜,皆不惊不怖不没不悔。何以故?一切诸法本无相故。

佛告舍利弗:善男子善女人,若闻如是甚深般若波罗蜜,心得决定,不惊不怖不没不悔,当知是人即住不退转地。若人闻是甚深般若波罗蜜,不惊不怖,信乐听受,欢欣不厌,是即具足檀波罗蜜、尸波罗蜜、羼提波罗蜜、毘梨耶波罗蜜、禅波罗蜜、般若波罗蜜。亦能为他显示分别如说修行。

【僧译】尔时有天女名无缘,白佛言:世尊,若善男子、善女人,闻此深法,不惊疑怖畏,当得声闻法、缘觉法、菩萨法、佛法不?

尔时佛告舍利弗：如是如是，舍利弗，若诸菩萨摩诃萨，闻此深法，不惊疑怖畏，必定当得阿耨多罗三藐三菩提。是善男子、善女人，当为大施主、第一施主、胜施主，当具足戒、忍辱、精进、禅定、智慧，当具诸功德成就相好，自不怖畏令人不怖畏，究竟般若波罗蜜，以不可得无相、无为，成就第一不可思议法故。

【疏】上面已由三位圣者作证，今复由凡夫作证，且由女居士作证。于了义经，多有女居士参与，甚至由女居士说法，此中亦有密意。于了义中，既一切诸法无分别，是即无圣凡、男女之分别，故可由女居士作证或说法。

"无缘虑"即无所住、无所著，亦即已由无相悟入智识双运境界，由是得证三解脱门，"达一切法都无所有，能所、缘虑俱不可得"，是即深般若波罗蜜多境界。

由离能所，得人我空；由离缘虑，得法我空，是即入二空真如，得不退转，具足六波罗蜜多。如是，亦即现证如来藏的现证智境。由此亦可知，现证如来藏即入不退转地。

【奘译】佛告曼殊室利童子：汝观何义，欲证无上正等菩提？

曼殊室利白言：世尊，我于无上正等菩提尚无住心，况当欲证。我于菩提无求趣意。所以者何？菩提即我，我即菩提，如何求趣？

【曼译】佛告文殊师利：汝观何义，为得阿耨多罗三藐三菩提，住阿耨多罗三藐三菩提？

文殊师利言：我无得阿耨多罗三藐三菩提，我不住佛乘，云何当得阿耨多罗三藐三菩提？如我所说即菩提相。

【僧译】佛告文殊师利：汝何所见，何所乐，求阿耨多罗三藐三菩提？

文殊师利白佛言：世尊，我无见无乐故求菩提。

佛告文殊师利：若无见无乐，亦应无求。

文殊白佛：如是，世尊，我实无求。何以故？若有求者是凡夫相。

佛告文殊师利：汝今真实不求菩提耶？

文殊白佛：我真实不求菩提。何以故？求菩提，是凡夫相。

佛告文殊师利：汝为定求，为定不求？

文殊白佛：若言定求、定不求、定求不求、定非求非不求，是凡夫相。何以故？菩提无住处故。

【疏】佛问文殊，由现观何义，得证无上正等菩提？若文殊立一宗义即错，因任何宗义皆成分别，皆有所得。说中观应成派为究竟，即以其不立宗义之故，故今持宗义以说应成派见者，已落第二乘，失究竟义。

文殊所答，即无愿解脱门，是故于菩提尚不欲证，无所趣求。更说"菩提即我，我即菩提"义，是即说一切众生皆有佛性，皆具本觉。此即明说如来藏义。可见无愿解脱门实由现证如来藏而证。

到这段经文，实已完全说及三解脱门，同时知道，无相、无愿解脱门并非以空性为基础而证，至于空解脱门，亦非由缘生性空而证，实由"本性自性"而证。如是胜解，便可以纠正许多学佛的错见。

【奘译】佛言：善哉善哉，童子，汝能巧说甚深义处。汝于先佛多植善根，久发大愿，能依无得修行种种清净梵行。

曼殊室利便白佛言：若于诸法有所得者，可依无得修净梵行。我都不见有法可得及无所得，如何可言能依无得修净梵行？

佛告曼殊室利童子：汝今见我声闻德耶？

世尊，我见。

佛言：童子，汝云何见？

世尊，今我见诸声闻，非异生、非圣者，非有学、非无学、非可见、非不可见，非见者、非不见者，非多、非少、非小、非大、非已调伏、非未调伏，我如是见而无见想。

【曼译】佛赞文殊师利言：善哉善哉，汝能于是甚深法中，巧说斯义。汝于先佛久种善根,以无相法净修梵行。

文殊师利言:若见有相则言无相,我今不见有相,亦不见无相,云何而言以无相法净修梵行?

佛告文殊师利:汝见声闻戒耶? 答曰:见。佛言:汝云何见? 文殊师利言:我不作凡夫见、不作圣人见;不作学见、不作无学见;不作大见、不作小见;不作调伏见、不作不调伏见;非见非不见。

【僧译】佛告文殊师利:善哉,善哉,汝能如是说般若波罗蜜,汝先已于无量佛所,深种善根久修梵行,诸菩萨摩诃萨应如汝所说行。

文殊白佛:我不种善根,不修梵行。何以故? 我若种善根则一切众生亦种善根,我若修梵行则一切众生亦修梵行。何以故? 一切众生则梵行相。

佛告文殊师利:汝何见何证说如是语?

文殊白佛:我无见无证亦无所说。世尊,我不见凡夫,不见学,不见无学,不见非学非无学。不见故不证。

【疏】强调"无所得"亦落边际,所以这段经文,便说"我都不见有法所得及无所得",是即连"无所得"这个句义亦不著,这才是真无所得。

其实,对于空和无相亦实如是,不能将空与无相看成是一个概念,若落于空的句义、无相的句义,不但有所得,而且有分别,所以才说"非空非非空"或者"空不空";"非相非非相"或者"无相不能入大乘"。

所以这段经文,等于说双运。可以理解为空有双运、胜义与世俗双运等,实即是智境与识境双运。于世俗识境中有分别有所得,于佛内自证智境中则无分别无所得,如是双运,才是文殊师利的不二法门。

接着,佛即以声闻为问,文殊即依不二而答,亦即离相依、相对而见声闻。依瑜伽行的说法,便是离依他上的遍计而见圆成(详见笔者的《〈解深密经〉密意》,复旦大学出版社 2013 年 10 月出版)。

【奘译】时,舍利子便问彼言:于声闻乘既如是见,复云何见正等觉乘?

大德,我今不见菩萨,亦复不见诸菩萨法。不见菩提,亦复不见趣菩提法,亦不见有趣菩提行,亦不见有证菩提法,不见有能证菩提者。我如是见正等觉乘,谓于其中都无所见。

【曼译】舍利弗语文殊师利言:汝今如是观声闻乘,若观佛乘当复云何?

文殊师利言:不见菩萨法,不见修行菩提及证菩提者。

【僧译】尔时舍利弗白文殊师利:汝见佛不?

文殊答舍利弗:我尚不见声闻人,何况我当见佛?何以故?不见诸法故,谓为菩萨。

【疏】舍利子因文殊如是见声闻乘,便进一步追问,对佛乘(奘译"正等觉乘")又如何见。这一问,便有分别,亦即是对声闻乘与佛乘依概念而见有分别,所以文殊便依然以无分别与无所得作答。

佛乘的行者都是菩萨,所以观佛乘便即是观菩萨,依不二而观,便如奘译所云:"我今不见菩萨,亦复不见诸菩萨法。不见菩提,亦复不见趣菩提法,亦不见有趣菩提行,亦不见有证菩提法,不见有能证菩提者。我如是见正等觉乘,谓于其中都无所见。"其义理即如观声闻,都由离相依相对而观、离名言句义而观、由无分别无所得而观。经言:不见菩萨、不见菩提等,即无分别。不见有趣菩提行、不见有证菩提法等,即无所得。

【奘译】时,舍利子复问彼言:汝于如来当云何见?

大德,止!止!勿于如来大龙象王而兴言论。

曼殊室利,所言佛者,是何增语?

今问大德:所言我者,复何增语?

舍利子言:我者但有假立名字,是空增语。

大德当知,佛之增语即我增语,我之与佛俱毕竟空,但随世间假立名字。菩提名字亦是假立,不可寻此求实菩提,菩提相空不可表示。何以故?名字、菩提二俱空故。名字空故言说亦空,不可以空表示空法;菩提空,故佛亦是空,故所言佛是空增语。

复次,大德,所言佛者,无来无去、无生无灭,无所证得、无所成就,无名、无相不可分别,无言、无说不可表示,唯微妙智自内证知,谓诸如来觉一切法毕竟空寂证大菩提,随顺世间假立名字,故称为佛,非为实有,若有若无不可得故。

复次,大德,如来所证微妙智慧说名菩提,成就菩提故名为佛;菩提空,故佛亦是空,由此佛名是空增语。

【曼译】舍利弗语文殊师利言:云何名佛、云何观佛?

文殊师利言:云何为我?

舍利弗言:我者但有名字,名字相空。

文殊师利言:如是如是,如我但有名字,佛亦但有名字,名字相空即是菩提,不以名字而求菩提,菩提之相无言无说。何以故?言说菩提二俱空故。

复次,舍利弗,汝问云何名佛,云何观佛者,不生不灭、不来不去、非名非相,是名为佛。如自观身实相,观佛亦然,唯有智者,乃能知耳。是名观佛。

【僧译】舍利弗白文殊师利:汝今决定不见诸法耶?

文殊师利答舍利弗:大德大比丘,汝止,不须复说。

舍利弗白文殊师利:谓为佛者,是谁语言?

文殊师利答舍利弗:佛、非佛不可得,无有言者,无有说者。舍利弗,菩提者不可以言说,何况有佛可言可说?复次,大德舍利弗!汝说:"佛者是谁语言?"此语言,不合不散,不生不灭,不去不来,无有一法可与相应,无字无句。大德舍利弗,欲见佛者,当如是学。

【疏】舍利弗不通达无二,所以便更追问:"汝于如来当云何见?"意思是说如来比声闻为上、比凡夫为上，所以对如来应有所见。文殊便用不二为答，先说不应据言说来说如来（即是应依密意来见如来）。接着，舍利弗因为文殊提到言说，便问：我们说"佛"，"佛"这名言是依什么来作增上。这样问，其实依然有分别，依然认为佛与凡夫不同，所以对凡夫的增上便应该不同于对佛的增上，哪晓得文殊却偏偏将凡夫等同于佛，说"佛之增语即我增语"。这样一来，便显明了不二法门的大平等性，"凡夫"是言说，"佛"亦是言说。

因为舍利弗说"我者但有假立名字，是空增语"，文殊便因此说空。最重要的一句是"不可以空表示空法"，此即是，空这个名言，不能用空来理解。在梵文中，śūnya 的意思是零，汉译为空，所以文殊的说法，若依梵文来理解，便等于说，不可以用无有表示零。但如果光是这样说，其实还未究竟，所以下面的经文便相当重要。

经言："所言佛者，无来无去、无生无灭，无所证得、无所成就，无名、无相不可分别，无言、无说不可表示，唯微妙智自内证知。"这里说的是如来法身，如来法身便是"微妙智自内证知（智）"的境界，我们说之为"空"，只是增语，外加空这个概念来定义如来法身的自性，因此，空只是言说，如来法身实不可思议，实离言说，实不能用空来表示，所以对于空须离言来理解。

这样说，便消除了对二转法轮佛言说的误解。般若说空，依二转法轮经典的学人，便以空为究竟，说毕竟空而落空边。若依经言："如来所证微妙智慧说名菩提，成就菩提故名为佛；菩提空，故佛亦是空，由此佛名是空增语。"即能对空得正见，不能依空来作分别，亦不能对空有所得，这是文殊般若法门的要义。

【奘译】时舍利子便白佛言：曼殊室利所说深法，非初学者所能了知。

尔时，曼殊室利童子即白具寿舍利子言：我所说者，非唯初学不能解了，所作已办阿罗汉等亦不能知，非我所说有能知者。所以者何？菩提之相非识所识，无见无闻、无得无念、无生无灭，不可说示、不可听受。如是菩提性相空寂，诸大菩萨尚未能知，何况二乘所知解了，菩提性相尚不可得，况当有实证菩提者。

【曼译】尔时，舍利弗白佛言：世尊，如文殊师利所说般若波罗蜜，非初学菩萨所能了知。

文殊师利言：非但初学菩萨所不能知，及诸二乘所作已办者，亦未能了知。如是说法无能知者，何以故？菩提之相，实无有法而可知故，无见无闻、无得无念、无生无灭、无说无听，如是菩提性相空寂，无证无知、无形无相，云何当有得菩提者。

【僧译】尔时舍利弗白佛言：世尊，此文殊师利所说，新发意菩萨所不能解。

文殊师利答舍利弗：如是，如是，大德舍利弗，菩提非可解。新发意者云何当解？

【疏】菩提之相，即是觉相，非由心识的觉知境而能了知，所以说为"无见无闻、无得无念、无生无灭、无说无听"。离识境，即可以说识境性相为空寂。空寂即不可以住识境而证，由是佛说出离。然而学人对于出离亦有误解，仅以为是出离世间。于了义经中说出离，实说出离世间的名言句义，而且是无舍离而出离，亦即无作意而出离，若有作意，则仍落识境，既落识境，当然便不能出离识境。

然则如何现证菩提？经言："菩提之相，非识所识。"那便是离识边而现证。质言之，是即离识境的名言与句义，由本觉显露而觉。所谓本觉，其实即是离名言与句义的觉受，因为不可能离心识而觉，只能离心识的分别而觉。若离心识，只是枯禅，不离心识而离心识的分别，才是正定。瑜伽行之所教，即是正定之所为。

【奘译】舍利子言：曼殊室利，佛于法界岂不证耶？

不也，大德，所以者何？佛即法界，法界即佛，法界不应还证法界。

又，舍利子，一切法空说为法界，即此法界说为菩提，法界、菩提俱离性相，由斯故说一切法空。一切法空、菩提、法界，皆是佛境，无二无别，无二无别故不可了知，不可了知故则无言说，无言说故不可施设有为无为、有非有等。

又，舍利子，一切法性亦无二无别，无二无别故不可了知，不可了知故则无言说，无言说故不可施设。所以者何？诸法本性都无所有，不可施设在此在彼、此物彼物。

【曼译】舍利弗语文殊师利言：佛于法界不证阿耨多罗三藐三菩提耶？

文殊师利言：不也，舍利弗，何以故？世尊即是法界，若以法界证法界者，即是诤论。舍利弗，法界之相即是菩提，何以故？是法界中无众生相故、一切法空故，一切法空即是菩提，无二无分别故。舍利弗，无分别中则无知者。若无知者，即无言无说。无言说相，即非有非无，非知非不知。一切诸法亦复如是，何以故？一切诸法不见处所，决定性故。

【僧译】舍利弗白文殊师利：诸佛如来不觉法界耶？

文殊师利答舍利弗：诸佛尚不可得，云何有佛觉法界？舍利弗，法界尚不可得，云何法界为诸佛所觉？舍利弗，法界者即是菩提，菩提者即是法界。何以故？诸法无界故。大德舍利弗，法界、佛境界无有差别，无差别者即是无作，无作者即是无为，无为者即是无说，无说者即无所有。

舍利弗白文殊师利：一切法界及佛境界，悉无所有耶？

文殊师利答舍利弗：无有，无不有。何以故？有及不有，一相无相，无一无二故。

【疏】因文殊说无菩提可得，所以舍利弗便问文殊，佛于法界中岂不证觉（菩提）？文殊所答，即是如来藏义。他说"佛即法界，法界即佛"，又说"一切法空说为法界，即此法界说为菩提"。在这里，共出"佛"

"法界""一切法空""菩提（觉）"四个名言，是即说佛身、智、界。说"佛"即说佛身，说"一切法空"及"菩提"即说佛智，说"法界"即说佛界。由经所言，此四者即无分别。如来法身其实非身，只是佛内自证智境界，这个境界便可以施设名言为法界。佛内自证智可以说所证为一切法空，亦可说为菩提，是故经言："一切法空、菩提、法界，皆是佛境。"

行者须证佛身、智、界三无分别，亦可说为须证法、报、化三身三无分别，始能成佛。今由不二法门，即可决定此三无分别，由观修如来藏，即可现证此三无分别。依此决定及现证，才可以说是现证深般若波罗蜜多的毕竟空。

复次，识境中一切法，都是如来自证智境上的随缘自显现，是即法性上的显现，是故一切法性无二无别，一切法性平等。由此即可说"诸法本性都无所有"，是即一切法"本性自性"，这才是深般若的毕竟空。说"缘生性空"，实在只是权宜方便。

佛说缘生而成立识境一切法有，既然是"有"，于是便有善恶的差别，这差别在识境中十分真实。如今说一切法本性自性，即是非善非恶，这个概念，似乎违反世间的认知，因此下面经文，即对这问题加以解说。下面经文，多就世间的认知来质疑不二法门，由是显明不二法门为佛密意、为佛究竟义。

【奘译】又，舍利子，若造无间，当知即造不可思议亦造实际。何以故？舍利子，不可思议与五无间俱即实际，性无差别。既无有能造实际者，是故无间、不可思议亦不可造。由斯理趣，造无间者非堕地狱，不思议者非得生天；造无间者亦非长夜沉沦生死，不思议者亦非究竟能证涅槃。何以故？舍利子，不可思议与五无间皆住实际，性无差别，无生无灭、无去无来、非因非果、非善非恶、非招恶趣非感人天、非证涅槃非没生死。何以故？以真法界非善非恶、非高非下，无前后故。

又，舍利子，犯重苾刍非堕地狱，净持戒者非得生天；犯重苾刍非沉生死，净持戒者非证涅槃；犯重苾刍非应毁訾，净持戒者非应赞叹；犯重苾刍非应轻蔑,净持戒者非应恭敬;犯重苾刍非应乖诤,净持戒者非应和合;犯重苾刍非应远离,净持戒者非应亲近;犯重苾刍非应损减,净持戒者非应增益;犯重苾刍非不应供,净持戒者非定应供;犯重苾刍非增长漏,净持戒者非损减漏;犯重苾刍非不清净,净持戒者非定清净;犯重苾刍非无净信,净持戒者非有净信;犯重苾刍非不应受清净信施,净持戒者非定应受清净信施。何以故?舍利子,真法界中若持若犯其性平等,无差别故。

【曼译】如逆罪相不可思议,何以故?诸法实相不可坏故。如是逆罪亦无本性,不生天上不堕地狱,亦不入涅槃。何以故?一切业缘皆住实际,不来不去,非因果非不因果。何以故?法界无边,无前无后故。是故舍利弗,见犯重比丘不堕地狱、清净行者不入涅槃。

如是,比丘非应供非不应供、非尽漏非不尽漏。何以故?于诸法中住平等故。

【僧译】舍利弗白文殊师利:如是学者,当得菩提耶?

文殊师利答舍利弗:如是学无所学,不生善道不堕恶趣,不得菩提不入涅槃。何以故?舍利弗,般若波罗蜜毕竟空故。毕竟空中无一无二无三无四,无有去来不可思议。大德舍利弗,若言我得菩提,是增上慢说。何以故?无得谓得故。如是增上慢人,不堪受人信施,有信人不应供养。

【疏】文殊此处所说,并非否定因果。因果在识境中绝对真实,于如来藏,识境中一切诸法,于识境中真实,现在文殊说,无五无间罪("逆罪相"),亦无不可思议,又说"犯重比丘不堕地狱,清净行者不入涅槃",这并非依识境的因果而说,而是依智识双运而见。依智识双运的如来藏境界,识境中的因果仅为影像,所以即非真实,由非真实,便可以说无五无间、无不可思议。若依识境来说,则须注意,影像世界的因果在影像世界中十分真实。若不如是理解,便是边见。

在这里,文殊是超越因果,并不是否定因果,超越识境的因果而见因果,便可以说为实际。于实际中,可说"不可思议与五无间俱即实际,性无差别。既无有能造实际者,是故无间、不可思议亦不可造"。

对文殊师利的不二法门,我们应当知道,由"不二"可以超越识境中一切法,但却绝不否定识境中任何一法。此如如来藏的智识双运境界,由本性自性来看一切法,即可见一切诸法如梦如幻,有如影像,但若住于识境中来看识境的法,则不能见之为如梦如幻,只能将所见的现相视为真实,那便是凡夫之所见。对凡夫之所见,只能超越,不能否定。释迦说法,从来没有否定凡夫之所见,他只是教学人如何超越凡夫之所见,这样才能不坏世俗。

今人对于"缘生性空",理解为一切诸法缘生,所以性空,这说法便已经破坏世俗,因为由这说法,不能成立世俗为真实。虽然补充说,由于性空,所以才可以缘生,亦不能补救破坏世俗,因为这说法亦未成立缘生为有。所以今人的理解实与文殊的不二法门不合,落空性边。若依正解,缘生为有,超越缘起则空,这样才能说为胜义与世俗双运,才能说为佛的内自证智境与后得智所见的识境双运。瑜伽行即依此正解来成立四种所缘境事,详见《解深密经》所说。

【奘译】又,舍利子,诸异生类名和合者,漏尽苾刍名不和合。

曼殊室利,汝依何义作如是说?

大德,异生与生因合,名和合者,诸阿罗汉无如是义,名不和合。我依此义作如是说。

又,舍利子,诸异生类名超怖者,漏尽苾刍名不超怖。

曼殊室利,汝依何义作如是说?

大德,异生于可怖法不生怖畏,名超怖者,诸阿罗汉知可怖法实无所有、无怖可超。我依此义作如是说。

又,舍利子,诸异生类得无灭忍,诸菩萨众得无生忍。

曼殊室利,汝依何义作如是说?

大德,异生不乐寂灭,名得无灭忍,诸菩萨众不见法生,名得无生忍。我依此义作如是说。

又，舍利子，诸异生类名调伏者，漏尽苾刍名不调伏。

曼殊室利，汝依何义作如是说？

大德，异生未调伏故应可调伏，名调伏者，诸阿罗汉漏结已尽不复须调，名不调伏。我依此义作如是说。

【曼译】舍利弗言：云何名不退法忍？

文殊师利言：不见少法有生灭相，名不退法忍。

【僧译】舍利弗白文殊师利：汝何所依，作如是说？

文殊师利答舍利弗：我无所依作如是说。何以故？般若波罗蜜与诸法等故。诸法无所依，以平等故。

【疏】本段经文若由言说来看，似是惊人之语，如言："异生类和合，漏尽比丘不和合；异生类名超怖者，漏尽比丘名不超怖；异生类得无灭忍，诸菩萨得无生忍；异生类名调伏者，漏尽比丘名不调伏。"这些言说，与常人的见识相反，但若由密意而言，如文殊师利之所说，即知其合理。此如有"生"才能与生和合，若不落于"生"这个名言，是即与生不和合。又如有"怖畏"始能超怖畏，若无怖畏，当然不超怖畏。

所以这段经文，实在是说，唯落于名言与句义者，始能超越名言与句义而无。凡夫有所超越，圣者则已超越，是故佛对凡夫所说法，实由超越而说。对凡夫的言说并非真实，若仅依言说，则须永恒住于识境来观修，若已超越，始能依佛密意而离识境。

【奘译】又，舍利子，诸异生类名增上心超越行者，漏尽苾刍名心下劣非超越行。

曼殊室利，汝依何义作如是说？

大德，异生其心高举行违法界，名增上心超越行者，诸阿罗汉其心谦下行顺法界，名心下劣非超越行。我依此义作如是说。

时，舍利子赞曼殊室利言：善哉，善哉，善能为我解密语义。

曼殊室利报言：如是，如是，大德，我非但能解密语义，我亦即是一切漏尽真阿罗汉。何以故？我于声闻、独觉乐欲皆永不起故，名漏尽真阿罗汉。

【曼译】舍利弗言：云何复名不调比丘？

文殊师利言：漏尽阿罗汉是名不调。何以故？诸结已尽更无所调，故名不调。若过心行名为凡夫。何以故？凡夫众生不顺法界，是故名过。

舍利弗言：善哉善哉。汝今为我善解漏尽阿罗汉义。

文殊师利言：如是如是。我即漏尽真阿罗汉。何以故？断求声闻欲及辟支佛欲，以是因缘故。名漏尽得阿罗汉。

【僧译】舍利弗白文殊师利：汝不以智慧除断烦恼耶？

文殊师利答舍利弗：汝是漏尽阿罗汉不？

舍利弗言：不也。

文殊师利言：我亦不以智慧除断烦恼。

舍利弗言：汝何所依，作如是说，不怖不畏？

文殊师利言：我尚不可得，当有何我而生怖畏？

舍利弗言：善哉，文殊师利，快说如是甚深般若波罗蜜。

【疏】说"超越行""非超越行"一段，为异译所无。

经文的解释是，凡夫心对法界作种种增上，亦即对法界外加种种名言句义，所以说他是"增上心超越行者"，这里所说的"超越"，并不是说能超越法性，实只是说，由于增上而超离法界，是即对法界违反；至于阿罗汉，已离识境名言句义，但却随顺法界，不敢超越，由是即不能超越法性来认识大平等性，所以说他是"心下劣非超越行"。

若用宁玛派的道名言来说，凡夫受分别识所缚，对一切诸法依名言句义来作分别，这样，不但未能认识心性，而且有如将心性歪曲，是即为心性所缚，由是辗转动摇不定，依分别识而以心转境，是故长受缚束，心性未能休息；阿罗汉则已认识心性，且已心性自解脱，得住法性，只是仍受法性所缚,未能悟入大平等性。

以上所言,即本段经文的密意,所以下来舍利弗即作赞叹。

依玄奘译,舍利弗言:"善哉善哉,善能为我解密语义。"文殊则答言:"如是如是,大德,我非但能解密语义,我亦即是一切漏尽真阿罗汉。"赞叹佛言说的密意,于三译中为优。

能解佛密意,才能"断求声闻欲及辟支佛欲"。因为若落在言说上,声闻所欲乐,辟支佛所欲乐,即不应断除。若依佛密意,唯现证法性自解脱,悟入清净大平等性,亦即悟入智识双运不二法门,始为"漏尽真阿罗汉"。佛经常将佛称为"应供"(阿罗汉),亦是这个意思,说为漏尽真阿罗汉,而非小乘所证的罗汉。文殊既证入不二法门,当然可说为漏尽真阿罗汉。

【奘译】佛告曼殊室利童子:颇有因缘,可说菩萨坐菩提座不证无上正等菩提?

曼殊室利白言:世尊!亦有因缘,可说菩萨坐菩提座不证无上正等菩提,谓菩提中无有少法可名无上正等菩提,然真菩提性无差别,非坐可得、不坐便舍。由此因缘,可说菩萨坐菩提座不证菩提,无相菩提不可证故。

【曼译】佛告文殊师利:诸菩萨等坐道场时,觉悟阿耨多罗三藐三菩提不?

文殊师利言:菩萨坐于道场,无有觉悟阿耨多罗三藐三菩提。何以故?如菩提相,无有少法而可得者,名阿耨多罗三藐三菩提。无相菩提谁能坐者,亦无起者。以是因缘,不见菩萨坐于道场,亦不觉证阿耨多罗三藐三菩提。

【僧译】尔时佛告文殊师利言:善男子,有菩萨摩诃萨,住菩提心求无上菩提不?

文殊师利白佛言:世尊,无菩萨住菩提心求无上菩提。何以故?

菩提心不可得,无上菩提亦不可得。

【疏】诸菩萨等坐道场,即说诸菩萨修学,由修学而成佛,证无上正等菩提(无上正等觉)。此处佛问:有什么理由可以说菩萨坐道场而不能成佛?文殊即依不二法门而答,亦即由无所得而答。这里说无所得,其实已基于无分别。

文殊说,于觉相中,无有少法可得,才名为无上正等觉。这即是说,若认为有证觉相,即非不二,既非不二,则仍然落于相依相对,这就不是觉相。所以落于"菩萨相"的菩萨,他的现证便不是"真菩提性",只是地地菩萨的现证。

文殊说的是无上菩提,亦即现证不二法门,现证如来藏智识双运界,于中即无菩提可证,既入不二、既入智识双运境界,即无菩提相可得。但亦可以说其为不二相、智识双运相,当这样说时,便可以说即是真菩提性的菩提相。

【奘译】曼殊室利复白佛言:无上菩提即五无间,彼五无间即此菩提。所以者何?菩提、无间俱假施设,非真实有菩提之性,非可证得,非可修习,非可现见,彼五无间亦复如是。

又一切法本性毕竟不可现见,于中无觉、无觉者,无见、无见者,无知、无知者,无分别、无分别者,离相平等名为菩提,五无间性亦复如是。由此菩提非可证得,言可证得、修习、现见大菩提者是增上慢。

【曼译】文殊师利(复)白佛言:世尊,菩提即五逆;五逆即菩提。何以故?菩提五逆无二相故。无觉无觉者、无见无见者、无知无知者、无分别无分别者,如是之相名为菩提。见五逆相亦复如是。若言见有菩提而取证者,当知此辈即是增上慢人。

【僧译】五无间罪是菩提性,无有菩萨起无间心求无间罪果,云何有菩萨住菩提心求无上菩提?菩提者,是一切诸法。何以故?色、非色不可得故,乃至识、非识亦不可得。眼不可得乃至意不可得,色不可得乃至法不可得，眼界乃至法界亦不可得，生不可得乃至老死亦不可得，檀波罗蜜不可得乃至般若波罗蜜亦不可得，佛十力不可得乃至十八不共法亦不可得。菩提心、无上菩提皆不可得，不可得中无可得、不可得。是故，世尊！无菩萨住菩提心求无上菩提者。

【疏】由于不二，由于智识双运，所以可以说菩提即五无间，五无间即菩提。于现证不二中，或现证智识双运境界中，见菩提与五无间，都只是名言假施设。所以对于假施设，无见、无知、无分别，如是菩提无相，五无间亦无相。说有菩提可证，只是名言的增上；说有五逆可犯，亦是名言的增上。

经言："离相平等名为菩提，五无间性亦复如是。"在这里，即说清净大平等性，名言句义尽便是清净；周遍识境，于一切法无分别、无所得，便是大平等性。清净大平等性亦不住，才是无上觉。不过这里所说，尚落于清净大平等性，未能超越，正因未能超越，所以才只见到菩提即五无间、五无间即菩提，若能超越，在言说上便可以说为"无二"，菩提不异五无间、五无间不异菩提。（对《心经》色空四句，亦应如是理解，说色空相即，是住平等性；说色空不异，则已超越平等性。）

对这段经文尚须注意，若依言说，便是善恶不分；若于密意，则是离名言而见真实，由是无分别、无所得。在这里并没有否定识境中的五无间为罪恶，只是说于不二法门中，无善恶的分别、无善恶可得。凡夫若犯五无间罪，依然得落无间地狱的果报。

【奘译】佛告曼殊室利童子：汝今谓我是如来耶？

不也，世尊，不也，善逝，我不谓佛是实如来。所以者何？夫如来者以微妙智证会真如，妙智、真如二俱离相，真如离相非谓真如，妙智亦然非谓妙智，既无妙智及无真如，是故如来亦非真实。何以故？真如、妙智但假施设，如来亦尔，非二、不二。是故妙智、真如、如来，但有假名而无一实，故不谓佛是实如来。

【曼译】尔时世尊告文殊师利：汝言我是如来,亦谓我为如来乎？

文殊师利言：不也,世尊,我不谓如来为如来耶,无有如相可名为如,亦无如来智能知于如。何以故？如来及智无二相故,空为如来,但有名字。我当云何谓是如来。

【僧译】佛告文殊师利：汝意谓如来是汝师不？

文殊师利白佛言：我无有意谓佛是我师。何以故？世尊,我尚不可得,何况当有意谓佛是我师？

【疏】如来亦是名字,所以世尊便问文殊,依他所见,是否见为如来。

文殊所答,其意思是：如来以如来智现证真如,其内自证境界,因如来智无相,故真如亦无相(此前已说,所谓无相,即是离识境的名言与句义而见相),既然无相,则名言上的妙智即非妙智,名言上的真如亦非真如,于无相中,妙智、真如只是假施设的名言,如来亦只是假施设的名字。故可以说,如来与智无二、如来与真如无二,由是如来、证智、真如三无分别。同为言说,故无分别；于佛内自证境界中,三者亦胜义无分别。

【奘译】佛告曼殊室利童子：汝非疑惑于如来耶？

不也,世尊,不也,善逝,何以故？我观如来实不可得、无生无灭,故无所疑。

佛告曼殊室利童子：如来岂不出现世间？

不也,世尊,不也,善逝,若真法界出现世间,可言如来出现于世,非真法界出现世间,是故如来亦不出现。

【曼译】佛告文殊师利：汝疑如来耶？

文殊师利言：不也,世尊,我观如来无决定性,无生无灭故无所疑。

佛告文殊师利：汝今不谓如来出现于世耶？

文殊师利言：若有如来出现世者,一切法界亦应出现。

【僧译】佛告文殊师利：汝于我有疑不？

文殊白佛言：世尊，我尚无决定，何况当有疑？何以故？先定后疑故。

佛告文殊：汝不定言如来生耶？

文殊白佛：如来若生，法界亦应生。何以故？法界、如来，一相无二相，二相不可得故。

【疏】佛更问文殊，是否对如来生疑？此一问，目的是作下一问，即问"汝今不谓如来出现于世耶"？文殊答"若有如来出现世者，一切法界亦应出现"。此答密意甚深。

法界，是佛内自证智境界，离一切世间的名言句义，是故法界便不可能在世间显现；一如如来，如来法身并非个体，亦是佛内自证智境界，亦不可能于世间显现。因此法界只能藉识境、如来只能藉言说，由是而成显现。观修的行人于识境中观修，依佛所说的言说观修，当能离识境的名言句义时，才能得佛的密意，于观修中证入法界、证入一个智境。由是便可以说，如来实不出现于世间，法界亦不出现于世间，这便是不二法门、如来藏的密意。

【奘译】曼殊室利，汝谓殑伽沙数诸佛入涅槃不？

世尊，岂不诸佛如来同不思议一境界相？

曼殊室利，如是，如是，如汝所说。诸佛如来同不思议一境界相。

曼殊室利复白佛言：今佛世尊现住世不？

佛言：如是。

曼殊室利便白佛言：若佛世尊现住世者，殑伽沙等诸佛世尊亦应住世。何以故？一切如来同不思议一境相故。不思议相无生无灭，如何诸佛有入涅槃？是故，世尊，若未来佛当有出世，一切如来皆当出世；若过去佛已入涅槃，一切如来皆已灭度；若现在佛现证菩提，一切如来皆应现证。何以故？不思议中，去、来、现在所有诸佛无差别故。然诸世间迷谬执著种种戏论,谓佛世尊有生有灭,有证菩提。

佛告曼殊室利童子:汝所说法,唯有如来、不退菩萨、大阿罗汉所能解了,余不能知。何以故? 唯如来等闻是深法,如实了达不赞不毁,知"心、非心"不可得故。所以者何? 一切法性皆悉平等,心及非心俱不可得,由此于法无赞无毁。

曼殊室利即白佛言:于是深法谁当赞毁。

【曼译】佛告文殊师利:汝谓恒沙诸佛入涅槃耶?

文殊师利言:诸佛一相不可思议。

佛语文殊师利:如是如是,佛是一相不思议相。

文殊师利白佛言:世尊,佛今住世耶?

佛语文殊师利:如是如是。

文殊师利言:若佛住世,恒沙诸佛亦应住世。何以故? 一切诸佛皆同一相不思议相,不思议相者无生无灭。若未来诸佛出兴于世,一切诸佛亦皆出世。何以故? 不思议中,无过去未来现在相。但众生取著谓有出世,谓佛灭度。

佛语文殊师利:此是如来、阿罗汉、阿鞞跋致菩萨所解。何以故? 是三种人闻甚深法,能不诽谤亦不赞叹。

文殊师利白佛言:世尊,如是不思议,谁当诽谤,谁当赞叹。

【僧译】文殊师利,汝信诸佛如来入涅槃不?

文殊言:一切诸佛即涅槃相,涅槃相者无入无不入。

佛告文殊师利:汝言诸佛有流转不?

文殊白佛言:世尊,不流转尚不可得,何况流转当可得?

佛告文殊师利:如来无心,唯如来前可说此言,或漏尽阿罗汉及不退菩萨前可说此言。若余人闻此语,则不生信,当惊疑。何以故? 此甚深般若波罗蜜难信难解故。

文殊白佛言:世尊,复何等人能信此甚深法?

佛告文殊师利:一切凡夫能信此法。何以故? 如来无心,一切凡夫亦无心故。

文殊师利白佛言：世尊，何故作如是说法？新发意菩萨及阿罗汉咸皆有疑，愿闻解说。

【疏】承上面所说密意，所以说恒河沙数诸佛，皆以"不思议一境界相"入涅槃，这便是说如来法身无有个体，恒河沙数诸佛入涅槃，都同一相、同一内自证智境界。所以，无论有多少众生成佛，其法身都只是唯一境界，是名法身，亦名佛智，亦名法界。身、智、界三个名言，都无分别。

佛内自证智境界超越三时，过去、现在、未来诸佛所证亦同一不思议境界。

文殊说此密意，所以佛赞叹，他说的深法，只有如来、不退转（avinivartanīya，阿鞞跋致）菩萨，及阿罗汉所能理解。由此知此密意甚深。于此所说，分明即是如来藏义，此义见于《入楞伽经》。依《入楞伽经》，于说如来时，实说如来法身，亦即说三世诸佛现证无上正等正觉的境界（佛内自证智境界），此境界既是智境，便非识境的名言与句义可以形容，亦离一切识境的认知，所以对识境世间便不显现。此如来智境，唯藉智境上的识境随缘自显现而成显现，这便称为如来的色身，亦即报身与化身。若说佛有生灭，只是依色身而说（例如释迦即示现生灭），依法身即无生灭可言。

【奘译】佛言：童子，愚夫异生彼如是心非实心性，同佛心性不可思议。

曼殊室利复白佛言：愚夫异生心、非心性，同佛心性不思议耶？

佛告曼殊室利童子：如是，如是，如汝所说。何以故？佛、有情心及一切法，皆悉平等、不思议故。

曼殊室利复白佛言：佛、有情心及一切法，若皆平等、不可思议，今诸圣贤求涅槃者，勤行精进岂不唐捐？所以者何？不思议性与涅槃性既无差别,何用更求?

若有说言此异生法、此圣者法有差别相,当知彼人未曾亲近真净善友,作如是说,令诸有情执二法异,沉沦生死不得涅槃。

【曼译】佛告文殊师利:如来不思议、凡夫亦不思议。

文殊师利白佛言:世尊,凡夫亦不思议耶?

佛言:亦不思议。何以故?一切心相皆不思议。

文殊师利言:若如是说如来不思议,凡夫亦不思议,今无数诸佛,求于涅槃徒自疲劳。何以故?不思议法即是涅槃,等无异故。

文殊师利(复)言:如是凡夫不思议,诸佛不思议,若善男子善女人,久习善根、近善知识,乃能了知。

【僧译】

佛告文殊:如、实相、法性、法住、法位、实际中,有佛有凡夫差别不?

文殊白佛言:不也,世尊。

佛告文殊:若无差别,何故生疑?

文殊白佛言:世尊,无差别中,有佛有凡夫不?

佛言:有,何以故?佛与凡夫,无二无差别,一相无相故。

【疏】既说佛心性不可思议,则不能不说凡夫心性都不可思议,否则智境与识境即不平等。然则如何说凡夫心性不可思议呢?这里说的是凡夫"心非心性"。

佛于《般若》说"心非心性",其实即是说,凡夫的心亦是智识双运,然而凡夫不知,是故偏落于识境,亦即偏落于能取所取,以及由二取而起的名言句义。若知凡夫心识本来即是"心非心性",即知凡夫心性亦不可思议。在这样的理念下,便可以说"佛心性"与"凡夫心性"平等。这两个名言,同样不可思议,唯藉识境而成显现。

说到这里,经中便故意提出一个问题,若佛与众生心性平等,那么,无数诸佛求于涅槃便只是徒劳。可是,实在并非徒劳,依曼译,文殊说

"久习善根、近善知识,乃能了知"。这即是说,必须如是才能了知佛与凡夫心性都不可思议,是故即须修习,而且要依善知识(上师)而修习。善知识所教的观修,即名瑜伽行,次第修四重止观(详见拙著《〈解深密经〉密意》),由凡夫而至成佛。这便是无数诸佛求于涅槃并非徒劳。

对于凡夫与佛心性皆不可思议,下面世尊即次第设问,说甚深密意。

【奘译】佛告曼殊室利童子:汝愿如来于有情类最为胜不?
世尊,若有真实有情,我愿如来于彼最胜,然有情类实不可得。

【曼译】佛告文殊师利:汝欲使如来于诸众生为最胜耶?
文殊师利言:我欲使如来于诸众生为最第一,但众生相亦不可得。

【僧译】佛告文殊:汝信如来于一切众生中最胜不?
文殊白佛言:世尊,我信如来于一切众生中最胜。世尊,若我信如来于一切众生中最胜,则如来成不最胜。

【疏】诸佛心性与众生平等,然则何以尚有涅槃可证?这个问题由下面诸问即可了知,所以这些问题所显示的都是如来的密意。

今第一问,如来于诸众生中是否最胜?

文殊言:无真实众生,是故不能说胜与不胜。这重密意,即是诸佛与众生平等,诸佛不可用自性来建立,众生亦不可用自性来建立,而且所谓自性,其实即是本性,本性唯一,所以佛与众生平等,于平等中不能说有真实众生,亦不能说有真实的佛。这里所说的"真实",是以自性即是本性,故为真实,非说无有自性。

笔者于《〈无边庄严会〉密意》(复旦大学出版社 2014 年 6 月出版)中已说,荧光屏的影像,本性便是荧光屏性;镜中的影像,本性便是镜性。所以一切影像的自性,其实即是生起这些影像的基性,故可说,一切诸法的自性,其实即是本性,亦即是其生起基的性。情器世间的生起,以法性为基,所以一切诸法的自性,其实都是法性,故无真实自性,如是即说为空性。至于诸佛，则并非以法性为自性，前面已说过，诸佛的法身，只是佛内自证智的境界，此境界超越名言句义，不可用识境的概念来思议，是故亦不能依识境的名言说有自性。

此即第一重甚深密意，由是建立空解脱门。

【奘译】佛告曼殊室利童子：汝愿佛成就不思议法耶？

世尊，若有不思议法实可成就，我愿如来成就彼法，然无是事。

【曼译】佛言：汝欲使如来得不思议法耶？

文殊师利言：欲使如来得不思议法，而于诸法无成就者。

【僧译】佛告文殊：汝信如来成就一切不可思议法不？

文殊师利白佛言：世尊，我信如来成就一切不可思议法。世尊，我若信如来成就一切不可思议法，如来则成可思议。

【疏】此第二问。

由第一问，说到不可思议的佛内自证智境界，因此释迦便问佛是否得到不思议法。

文殊言：不思议法亦不可得，因为在佛内自证智境界中，一切法不能成就，亦即识境中一切法皆不真实。

这里所说的一切法，是依识境的概念而说为"法"。在识境中，凡"法"必有受者，若无受者，则不能称之为法。由是离识境即无受者，是即无"法"可言。

在这里，已经远离能所，无受者即无能取所取。若离能所，则不能说如来成就不思议法，因为如来并非受者。

在这里，是依智识双运境界来观察识境中的法。也可以这样说，落于名言与句义则法可以成立，因为落名言句义便有受者（有能所），若于智识双运界中见真实（即如于荧光屏中观察影像而见真实），则无法可以成立，所以连佛的不可思议法亦不能成立。

这便是第二重甚深密意，由是建立无相解脱门。

【奘译】佛告曼殊室利童子：汝愿如来说法调伏弟子众不？

世尊，若有说法调伏真如法界，我愿如来说法调伏诸弟子众，然佛世尊出现于世，于有情类都无恩德。所以者何？诸有情类皆住无杂真如法界，于此界中异生、圣者，能说、能受俱不可得。

【曼译】佛告文殊师利：欲使如来说法教化耶？

文殊师利白佛言：欲使如来说法教化，而是说及听者皆不可得。何以故？住法界故，法界众生无差别相。

【僧译】佛告文殊师利：汝信一切声闻是如来所教化不？

世尊，我信一切声闻是如来所教化。世尊，我若信一切声闻是如来所教化，则法界成可教化。

【疏】此第三问。

此处玄奘译比余二译多一句："于此界中异生、圣者；能说、能受俱不可得。"

释迦因文殊说不思议法佛亦不可得，于是便问如来是否能说法调伏教化众生。于法无所得，如何教化？

文殊言：于法界中既无众生（异生）、圣者的分别，亦离能所，是故无能说、能受，所以如来虽于识境中作教化，但于智识双运境界中，不能说有教化的恩德。

这是第三重密意。识境中一切所作，实无所作，所以落于作意即不能由观修而成佛，由是建立无愿解脱门。所谓无愿，即是不作意于涅槃，于轮回亦不作意于厌离。

【奘译】佛告曼殊室利童子：汝愿如来是世无上真福田不？

曼殊室利白言：世尊，若诸福田是实有者，我亦愿佛于彼无上，然诸福田实不可得，是故诸佛皆非福田、非非福田，以福、非福及一切法性平等故。然世间田能无尽者，世共说彼名无上田，诸佛世尊证无尽福，是故可说无上福田。又世间田无转变者，世共说彼名无上田，诸佛世尊证无变福,是故可说无上福田。又世间田用难思者,世共说彼名无上田,诸佛世尊证难思福,是故可说无上福田。诸佛福田虽实无上,而植福者无减无增。

佛告曼殊室利童子:汝依何义作如是说?

曼殊室利白言:世尊,佛福田相不可思议,若有于中而植福者,即便能了平等法性,达一切法无减无增,故佛福田最为无上。

【曼译】佛告文殊师利:汝欲使如来为无上福田耶?

文殊师利言:如来是无尽福田、是无尽相。无尽相即无上福田。非福田非不福田,是名福田;无有明闇生灭等相,是名福田。若能如是解福田相,深殖善种,亦无增无减。

佛告文殊师利:云何殖种不增不减?

文殊师利言:福田之相不可思议。若人于中如法修善,亦不可思议。如是殖种名无增无减,亦是无上最胜福田。

【僧译】佛告文殊师利:汝信如来是无上福田不?

世尊,我信如来是无上福田。世尊,我若信如来是无上福田,如来则非福田。

佛告文殊师利:汝何所依作如是答我?

文殊白佛言:世尊,我无所依作如是答。世尊,无所依中,无胜无不胜,无可思议无不可思议,无教化无不教化,无福田无非福田。

【疏】此第四问。

于空、无相、无愿中,如来如何得成为世间无上福田。

此处奘译最优,言:"世尊,若诸福田是实有者,我亦愿佛于彼无上。然诸福田实不可得,是故诸佛皆非福田、非非福田。以福、非福及一切法性平等故。"余译简略。

这即是说,于智识双运中、于不二法门,不能说佛是福田,但于识境中,则福田实有。所以说,"诸佛皆非福田、非非福田"。若依识境而见,如来证无尽福、无变福,即是无上福田。

这是第四重密意，即使在智识双运界中，佛的教化、菩萨依佛教化的观修，依然有真实不虚的功德，所以释迦虽然建立三解脱门，表达如来的密意，但并非否定诸佛证涅槃的功德。

依这重密意，有情可由如来无上福田而证涅槃，这即是于识境中积集二资粮。依诸佛密意而作观修，积智慧资粮；依诸佛密意作世间功德，积福德资粮。但在智识双运的境界中，实亦无资粮可积集，一切诸法无分别、无所得故。此于经中说为："若有于中而植福者，即便能了平等法性，达一切法无减无增。"此即说能了平等法性亦须由积福才能得到观修法门。

【奘译】尔时，大地以佛世尊神力、法力六返变动。时，众会中有十六亿大苾刍众，诸漏永尽心得解脱；七百苾刍尼、三千邬波索迦、四万邬波斯迦、六十俱胝那庾多数欲界天众，远尘离垢生净法眼。

【曼译】尔时，大地以佛神力，六种震动现无常相；一万六千人皆得无生法忍；七百比丘、三千优婆塞、四万亿优婆夷、六千亿那由他六欲诸天，远尘离垢，于诸法中得法眼净。

【僧译】是时以佛神力，地六种震动。一万六千比丘众，以无可取心得解脱；七百比丘尼众、三千优婆塞、四万优婆夷众，远尘离垢得法眼净；六万亿那由他诸天，远尘离垢得法眼净。

【疏】上面四问所答，宣佛密意，所以大地六种震动，闻法众得"无生法忍"及"法眼净"。这即是说，须知上面密意，而成抉择、观修、决定，才能现证真实得无生法忍，证诸法无生，才能远离识境中的名言句义来见诸法，得法眼净。

【奘译】时，阿难陀即从座起，顶礼佛足，偏覆左肩，右膝着地，合掌恭敬白言：世尊，何因何缘，今此大地六返变动？

尔时，佛告阿难陀言：由妙吉祥说福田相，我今印许，故现斯瑞。

过去诸佛亦于此处说福田相,令大地动,故于今时现如是事。

【曼译】尔时,阿难从坐而起,偏袒右肩,右膝着地,白佛言:世尊,何因缘故,如是大地六种振动?

佛告阿难:我说福田无差别相,故现斯瑞。往昔诸佛,亦于此处作如是说福田之相,利益众生,一切世界六种振动。

【僧译】是时长老阿难即从座起,偏袒右肩,右膝着地,合掌恭敬白佛言:世尊,何因何缘此地大动?

尔时佛告阿难:此说般若波罗蜜。往古诸佛皆于此处说此法,以是因缘故此地震动。

【疏】世尊答阿难,其言即表示诸佛所说密意同释迦所说密意。这不是说言说相同,只是说言说所表的密意相同,所以三世诸佛同一所说。何以三世诸佛密意相同?因为三世诸佛的内自证智同一境界,是即三世诸佛法身无有分别。

【奘译】尔时,舍利子白佛言:世尊,曼殊室利不可思议。所以者何?曼殊室利所说法相不可思议。

佛告曼殊室利童子:汝之所说实难思议,诚如具寿舍利子说。

曼殊室利即白佛言:我所说法不可说可思议,亦不可说不可思议。所以者何?不可思议、可思议性俱无所有,但有音声,一切音声亦不可说不可思议、可思议性,以一切法自性离故。作是说者,乃名为说不可思议。

佛告曼殊室利童子:汝今现入不可思议三摩地耶?

曼殊室利白言:世尊,我不现入此三摩地。所以者何?我都不见此三摩地性异于我,不见有心能思惟我及此定故。不可思议三摩地者,心非心性俱不能入,云何可言我入此定。

复次,世尊,我昔初学作意现入此三摩地,非于今时复更作意现入此定。如善射夫初学射业,注心麇的方乃发箭,久习成就能射毛端,不复注心在彼麂的,随所欲射发箭便中;如是我先初学定位,要先系念在不思议,然后乃能现入此定,久习成就,于此定中不复系心任运能住。所以者何?我于诸定已得善巧,任运入出不复作意。

【曼译】舍利弗白佛言:世尊,文殊师利是不可思议。何以故?所说法相不可思议。

佛告文殊师利:如是如是,如舍利弗言,汝之所说实不思议。

文殊师利白佛言:世尊,不思议不可说,思议亦不可说,如是思议不思议性,俱不可说。一切声相非思议,亦非不可思议。

佛言:汝入不思议三昧耶?

文殊师利言:不也,世尊,我即不思议,不见有心能思议者。云何而言入不思议三昧。我初发心欲入是定,而今思惟,实无心相而入三昧。如人学射,久习则巧,后虽无心,以久习故箭发皆中。我亦如是,初学不思议三昧,系心一缘。若久习成就,更无心想,恒与定俱。

【僧译】尔时长老舍利弗白佛言:世尊,此文殊师利所说不可思议。

尔时世尊告文殊师利:如舍利弗所说,此文殊师利所说不可思议。

尔时文殊师利白佛言:世尊,若不可思议则不可说,若可说则可思议。不可思议者无所有。彼一切声亦不可思议,不可思议者无声。

佛言:汝入不思议三昧耶?

文殊师利言:不也,世尊,我即不思议,不见有心能思议者,云何而言入不思议三昧?我初发心欲入是定,而今思惟,实无心相而入三昧。如人学射,久习则巧。后虽无心,以久习故,箭发皆中。我亦如是。初学不思议三昧,系心一缘。若久习成就,更无心想,恒与定合。

【疏】答舍利弗言,表示可思议、不可思议都只是言说,言说者,只是识境所显现的"音声",此音声不可说为可思议、不可思议。这即是说,依名言而言说,此言说不能说为可思议、不可思议。因为只有佛的密意可说为不可思议,但这样说时,其实亦已落于言说,于佛密意非言说所能显示。如是而说不可思议,始名为说不可思议。

佛由是问文殊,是否现入不可思议三摩地。文殊答言"我都不见此三摩地性异于我"。这即是说,不能由识境的心见我,亦不能由识境的心见不可思议,然而,离识境的心亦不见我与三摩地,所以说"不可思议三摩地者,心非心性俱不能入,云何可言我入此定"。

于不可思议三摩地,实由无所见而见,所以观修三摩地时,即应无作意、无所缘而观。此非初学者所能,是故文殊又说,有如初学者学射,起初须有作意,其后无心亦能箭发而中毫端。此即菩萨之观修,其初虽有作意,有所缘境,其后即离作意、离所缘境。

观修如来藏、观修不二法门,都强调离作意,得离作意,即名言句义尽,这段经文实说须由无作意而入不可思议三摩地,一有作意,便只是识境中的不可思议,一如凡夫心性的不可思议,是即不成为三摩地。

【奘译】时,舍利子便白佛言:观此曼殊室利童子未可保信。所以者何?于此定中似不恒住,然无余定微妙寂静同此定者。

曼殊室利便白具寿舍利子言:大德,宁知更无余定寂静同此?

舍利子言:岂更有定寂静同此?

曼殊室利报言:大德,若此可得,可言余定寂静同此,然不可得。

舍利子言:曼殊室利,岂今此定亦不可得?

大德,此定实不可得。所以者何?谓一切定,可思议者有相可得,不思议者无相可得,此定既曰不可思议,是故定应实不可得。

又,舍利子,不思议定,一切有情无不得者。所以者何?一切心性皆离心性,离心性者皆即名为不思议定,故有情类无不得者。

【曼译】舍利弗语文殊师利言:更有胜妙寂灭定不?

文殊师利言:若有不思议定者,汝可问言,更有寂灭定不。如我意解,不可思议定尚不可得,云何问有寂灭定乎。

舍利弗言:不思议定不可得耶?

文殊师利言：思议定者是可得相，不思议定者不可得相。一切众生实成就不思议定，何以故？一切心相即非心故，是名不思议定。是故一切众生相及不思议三昧相，等无分别。

【僧译】舍利弗语文殊师利言：更有胜妙寂灭定不？

文殊师利言：若有不思议定者，汝可问言"更有寂灭定不？"如我意解，不可思议定尚不可得，云何问我寂灭定乎？

舍利弗言：不思议定不可得耶？

文殊师利言：思议定者是可得相，不可思议定者不可得相。一切众生实成就不可思议定。何以故？一切心相即非心故，是名不思议定。是故一切众生相及不思议三昧相，等无分别。

【疏】此段奘译较详。先由舍利子怀疑文殊师利的定，说他不能恒住于定中，不可思议三摩地则实应恒住，因为更无别的定，微妙寂静同于此定，既然此定最为殊胜，是则行者必须恒住于此定中。由是引起讨论。

这讨论即说不思议定的观修。

小乘所修为寂灭定，即令心识不起的定，所以舍利弗于问不可思议三摩地时，便问是否有比寂灭更胜的定。这即是着意于寂静，文殊反问，你怎知道没有其余的定，与寂灭定同样寂静。这即是说，寂静非唯依寂灭定而成。

由此反问，于是舍利弗便问还有什么定同寂灭定能得寂静。文殊师利这时才作正答。若有寂灭定可得，则其余的定亦必能成寂静，然而寂静定与其余的定皆实不可得。这回答其实亦有密意，意思是不能由作意而求寂静，若依作意，则寂灭定亦非寂静。在言说上，则说为不思议定以无相故不可得。

为什么呢？以无相故不可思议，若有相即可思议。这里说的无相，即是断离识境的名言句义，行者于定中生一觉受，倘若这觉受仍然落于名言句义而觉，则是有相，是即可以思议；若于定中的觉受如是而觉，更不落名言句义来作认知,譬如说,不落于"轻安"的概念来觉受定中的境界,是即无相,无相则不可思议,因为凡可思议,必由名言句义而作思议。

在这里,其实已经说出观修不二法门、观修如来藏、观修宁玛派大圆满的甚深口诀。由无作意而成名言句义尽,《宁玛十万续》中,于说观修时,即有此重密意。这亦即是深般若波罗蜜多的观修。

接下来,文殊师利更说"一切众生实成就不思议定",即是说,非唯声闻修寂灭定成不可思议定,其实一切众生都能成就不思议定。因为离名言句义即离心性,而众生亦离心性,所离为心的本性,所以世俗的心性落于名言句义,以离心的本性故,亦可名为不可思议。在这里有一密意,不能由心非心性来成就不思议定。行者须离心性,亦离非心性,不落二边,才能住入法性。若有一念头于心性、非心性,便立即落于识境的相对,这便连凡夫的不可思议定亦不可得。这一点亦与作意有关。

【奘译】佛赞曼殊室利童子:善哉,善哉,曼殊室利,汝于过去无量佛所多植善根、久发大愿,所修梵行皆依无得,发言皆说甚深义处。曼殊室利,汝岂不以住深般若波罗蜜多能一切时说甚深义?

曼殊室利即白佛言:若我由住甚深般若波罗蜜多能如是说,便住我想,及住有想能如是说,若住我想及住有想能如是说,则深般若波罗蜜多亦有所住,若深般若波罗蜜多有所住者,则深般若波罗蜜多亦以我想及以有想为所住处,然深般若波罗蜜多远离二想、住无所住。如诸佛住微妙寂静,无起、无作、无动、无转以为所住;甚深般若波罗蜜多不住有法、不住无法,故此所住不可思议。甚深般若波罗蜜多于一切法皆不现行。

甚深般若波罗蜜多当知即是不思议界,不思议界即是法界,法界即是不现行界,不现行界当知即是不思议界,不思议界当知即是甚深般若波罗蜜多。甚深般若波罗蜜多、我界、法界无二无别,无二无别即是法界,法界即是不现行界,不现行界当知即是甚深般若波罗蜜多,甚深般若波罗蜜多当知即是不思议界,不思议界当知即是不现行界,不现行界当知即是无所有界,无所有界当知即是无生灭界,无生灭界当知即是不思议界,不思议界与如来界、我界、法界无二无别。

【曼译】佛赞文殊师利言:善哉善哉。汝于诸佛久殖善根、净修梵行,乃能演说甚深三昧,汝今安住如是般若波罗蜜中。

文殊师利言:若我住般若波罗蜜中,能作是说,即是有想,便住我想。若住有想我想中者,般若波罗蜜便有处所。般若波罗蜜若住于无,亦是我想、亦名处所,离此二处,住无所住,如诸佛住,安处寂灭非思议境界,如是不思议,名般若波罗蜜住处。

般若波罗蜜处一切法无相、一切法无作。般若波罗蜜即不思议、不思议即法界、法界即无相、无相即不思议、不思议即般若波罗蜜、般若波罗蜜即法界,无二无别。

无二无别即法界,法界即无相;无相即般若波罗蜜界;般若波罗蜜界即不思议界;不思议界即无生无灭界;无生无灭界即不思议界。

【僧译】佛赞文殊师利言:善哉,善哉,汝于诸佛,久殖善根净修梵行,乃能演说甚深三昧。汝今安住如是般若波罗蜜中。

文殊师利言:若我住般若波罗蜜中能作是说,即是有想,便住我想。若住有想、我想中者,般若波罗蜜便有处所。般若波罗蜜若住于无,亦是我想亦名处所。离此二处,住无所住,如诸佛住,安处寂灭非思议境界。如是不思议,名般若波罗蜜住处。般若波罗蜜处,一切法无相,一切法无作。般若波罗蜜即不思议,不思议即法界,法界即无相,无相即不思议,不思议即般若波罗蜜。般若波罗蜜、法界,无二无别。无二无别即法界,法界即无相,无相即般若波罗蜜界。般若波罗蜜界即不思议界,不思议界即无生无灭界,无生无灭界即不思议界。

【疏】由于释迦于二转法轮说般若、深般若,所以本经亦依深般若而演绎不二法门。此处即说深般若波罗蜜多。

世尊说文殊住深般若,而能于一切时说甚深义,即是说文殊无论在什么话题中,都可以说出佛的密意。这时,文殊便以无所住来作答。

若言住深般若境界,便即是住于我想及能说的有想,如是即落于识境,落于识境便非深般若境界。这是由抉择而知应无所住,亦即《金刚经》所说的"应无所住而生其心"。由是文殊便依顺逆而说。

由深般若境界说,一切法无相、无作,由是不可思议;此无相、无作,亦即法界的境界,所以深般若境界、不可思议境界、法界,无二无别。这是说,由深般若波罗蜜多可现证法界。

倒过来,由法界而说,法界离一切识境相而平等,是故无相;无相即深般若境界,由无相故,是即不可思议界,所以法界、深般若、如来藏三者亦无二无别。这是说,由现证法界,即可同时现证智识双运的深般若波罗蜜多,亦即现证如来藏。

上面二者,前者顺观,为修行人的次第决定;后者逆观,为修行人的次第现证。决定同于现证,故可说现证为"不思议界与如来界、我界、法界无二无别"。这现证已入清净大平等性。由此即知,清净大平等性实由无所住而成就,比较起来,现证法性则由名言句义尽而成就,二者层次不同,即成观修的次第:心性自解脱住入法性;法性自解脱住入平等性;平等性自解脱即证无上正等正觉。

下面更说平等性自解脱。

【奘译】是故,世尊,若能如是修行般若波罗蜜多,于大菩提更不求证。何以故?甚深般若波罗蜜多即菩提故。

世尊,若有实知我界即知无著,若知无著即知无法,若知无法即是佛智,佛智即是不思议智,当知佛智无法可知,名不知法。

所以者何?此智自性都无所有,无所有法云何能于真法界转?此智自性既无所有即无所著,若无所著即体非智,若体非智即无境界,若无境界即无所依,若无所依即无所住,若无所住即无生灭,若无生灭即不可得,若不可得即无所趣,既无所趣,此智不能作诸功德,亦复不能作非功德。

所以者何？此无思虑我作功德、作非功德。无思虑智不可思议，不可思议即是佛智，是故此智于一切法无取不取，亦非前际中际后际、非先已生非先未生，无出无没、非常非断，更无余智类此智者。由是此智不可思议，同于虚空不可比类，无此无彼、非好非丑；既无余智类此可得，是故此智无等、不等，由此故名无等等智；又无余智对此可得，是故此智无对、不对，由此故名无对对智。

【曼译】文殊师利言：如来界及我界即不二相，如是修般若波罗蜜者，则不求菩提。何以故？菩提相离，即是般若波罗蜜故。世尊，若知我相而不可著，无知无著，是佛所知不可思议。无知无著即佛所知。何以故？知体本性无所有相，云何能转法界？若知本性无体无著者，即名无物，若无有物，是无处所无依无住；无依无住即无生无灭；无生无灭即是有为无为功德。

若如是知则无心想，无心想者，云何当知有为无为功德？无知即不思议，不思议者是佛所知，亦无取无不取。

不见三世去来等相、不取生灭及诸起作，亦不断不常，如是知者，是名正智不思议智。如虚空无此无彼不可比类，无好恶无等等，无相无貌。

【僧译】文殊师利言：如来界及我界即不二相。如是修般若波罗蜜者，即不求菩提。何以故？菩提相离即般若波罗蜜故。世尊，若知我相而不可著，无知无著是佛所知。不可思议无知无著，即佛所知。何以故？知体本性无所有相，云何能转法界？若知本性无体无著者，即名无物。若无有物，是无处所、无依无住，无依无住即无生无灭，无生无灭即是有为功德。若如是知则无心想，无心想者，云何当知有为、无为功德？无知即不思议，不思议者是佛所知，亦无取无不取，不见三世去来等相，不取生灭及诸起作，亦不断不常，如是知者，是名正智不思议智。如虚空无此无彼，不可比类。无好恶，无等等，无相无貌。

【疏】如来相与我相不二，是即佛内自证智境与识境不一不异。今说观修,所以不能由如来相来观察佛智,因为观修的行人,只能依识境来观修,识境中无如来相可得,因此便只能由我相来观修如来智,亦即只能由识境来观修。在这里,决定如来相与我相不二,便是观修上的重要决定,二者相异,那便不能由识境来观如来智。密乘修"自成本尊",且将世间视为坛城,即由此决定见而来。

此段经文,即由我相来作抉择。由抉择而得成"无思虑智"(曼译为"无心想")。所谓"无思虑智",说为"都无所有"(玄奘译为"无物")、无处所、无依、无住。依次第,先名言句义尽,由是无名言显现,是即都无所有。复无二取显现,是即无依无住。

于识境中成立一切诸法有,实先成立二取显现,由能取所取而成法有,于成立此法有的同时,成立名言显现。也即是这样:人于见山时,以心识为能取,山的形相为所取,于是成立此山的形相为有(二取显现);当成立山的形相为有时的同时,便成立"山"的名言,因此当说"山"时,即使山不现前,在心行相中,依然有山的形相,由是成立此山为有,这便是名言显现。在观修时,不能依此次第而成出离,必须先离名言句义(离名言显现有),然后才能离能所(离二取显现有)。这便即是先入无思虑智,然后于一切法无取无不取。本段经文说此观修次第,可以视为指导行者观修的重要口诀,今人不知此次第,便高唱离能所,实与密意相违。

以此之故,无思虑智便亦离三时,以三时亦是名言句义故。以"同于虚空不可比类,无此无彼、非好非丑",由是即无能所,以能所即是此与彼故,是即名无等等智。

【奘译】佛告曼殊室利童子:如是妙智不可动耶?

曼殊室利白言:世尊,如是妙智性不可动。如锻金师烧炼金璞,既得精熟,秤量无动,此智亦尔,久修成熟,无作无证、无生无尽、无起无没,安固不动。

佛告曼殊室利童子:谁能信解如是妙智?

曼殊室利白言：世尊，若能不行般涅槃法，于生死法亦能不行，于萨迦耶行寂灭行，于般涅槃行无动行。不断贪欲、瞋恚、愚痴，亦非不断。所以者何？如是三毒自性远离，非尽不尽；于生死法不起不堕，于诸圣道不离不修。彼于此智能深信解。

佛赞曼殊室利童子：善哉，善哉，善说此事。

【曼译】佛告文殊师利：若如是知，名不退智。

文殊师利言：无作智名不退智，犹如金矿先加锤打，方知好恶，若不治打无能知者。不退智相亦复如是，要行境界，不念不著，无起无作，具足不动不生不灭，尔乃显现。

尔时佛告文殊师利言：如诸如来自说己智，谁当能信？

文殊师利言：如是智者，非涅槃法、非生死法，是寂灭行、是无动行。不断贪欲瞋恚愚痴，亦非不断。何以故？无尽无灭，不离生死，亦非不离，不修道非不修道，作是解者名为正信。

佛告文殊师利言：善哉善哉，如汝所说，深解斯义。

【僧译】佛告文殊师利：若如是知，名不退智。

文殊师利言：无作智名不退智。犹如金铤，先加搥打方知好恶，若不治打无能知者。不退智相亦复如是，要行境界，不念不著，无起无作，具足不动，不生不灭，尔乃显现。

尔时佛告文殊师利言：诸如来自说己智，谁当能信？

文殊言：如是智者，非涅槃法，非生死法，是寂灭行。不断贪欲、瞋恚、愚痴，亦非不断。何以故？无尽无灭，不离生死亦非不离，不离修道非不修道。作是解者名为正信。

佛告文殊师利言：善哉，善哉，如汝所说，深解斯义。

【疏】佛许可“无思虑智”不可思议，为不动智。文殊即言，此智须由久修成熟，“如锻金师烧炼金璞”而成现证。所以，离名言句义便不是口头禅，须由久久观修至能证入清净、平等而成熟。由是“无作无证、无生无尽、无起无没，安固不动”。如是始为不动智，亦即八地以上菩萨所证的不退转智。

如来藏说众生皆有佛性,有人质疑,然则众生何以不成佛?这是不理解如来藏亦须由观修而成现证。于不二法门亦如是,亦可质疑,既然佛与众生不二,何以众生不能称为佛,这便是忽略了观修而问。从来没有人说不须观修即可成佛,在见地上可以说是佛即众生、众生即佛,但这说法还须现证,须证入清净大平等性,然后才能成此决定,这样行者便必须观修,所以这段经文,即强调须由“久修成熟”,经文于说无等等智为不动智后强调这点,便已遮拨了上面的疑问。

释迦复问:此智谁当能信?

文殊答言:此智非涅槃法非生死法。这便是明说此智为智识双运境界。

笔者说,深般若波罗蜜多是智识双运界,即是不二法门,即是如来藏。这说法并非没有经论根据,此处即可见其根据。

文殊所答,是说通达智识双运,才能信解这不可思议的不动智。

【奘译】尔时,具寿大迦叶波前白佛言:当来之世,谁能于此法毘奈耶甚深义趣信解修学?

佛告具寿大迦叶波:今此会中苾刍等众,当来之世,于此所说法毘奈耶甚深义趣,能生信解听受修学,亦能为他演说流布。如大长者失无价珠,苦恼缠心愁忧不乐,后时还得踊跃欢喜。今此会中苾刍等众亦复如是,闻深般若波罗蜜多,信解修学;后不闻说如是法门,苦恼缠心愁忧不乐,咸作是念:“我等何时当更得闻如是深法?”后时若得闻此法门,踊跃欢喜复作是念:“我今得闻如是经典,即为见佛亲近供养。”如圆彩树胞初出时,三十三天踊跃欢喜:“此树不久花必开敷、香气氛氲,我等游集。”苾刍等众亦复如是,闻深般若波罗蜜多,信受修行应生欢喜,一切佛法不久开敷。

饮光当知,未来之世苾刍等众若闻如是甚深般若波罗蜜多,信解修行心不沉没,必于此会已得听闻,欢喜受持、演说流布,当知彼类由闻是法,欢喜踊跃信受修行,不久开敷一切佛法。如来灭后,若有受持、演说、流布此经典者,当知皆是佛威神力之所加护令彼事成。

饮光当知,若有闻是甚深般若波罗蜜多欢喜受持,彼于过去无量佛所,多植善根,已得听闻,非适今也!如穿珠者,忽然遇得无价末尼,生大欢喜,当知彼类曾见此珠,故生欢喜,非今创见。如是当来诸苾刍等,深心爱乐听闻正法,忽遇般若波罗蜜多,欢喜听闻、信受、修学,当知彼类已于往昔无量佛所曾闻是经,非于今时创闻能尔。

饮光当知,若善男子、善女人等,闻妙吉祥所说般若波罗蜜多,欢喜踊跃、乐闻无厌,数复殷勤重请演说,是善男子、善女人等,过去已从曼殊室利闻说般若波罗蜜多欢喜受持、信解、修学,亦曾亲近曼殊室利供养恭敬,故能如是。譬如有人遇入城邑,其中一切园林、池沼、舍宅、人物无不悉见;后至余处,闻人赞说此城邑中所有胜事,深生欢喜请其重说,若更得闻倍复欢喜,彼由往昔皆曾见故。如是当来诸善男子、善女人等,闻妙吉祥所说般若波罗蜜多,欢喜乐闻尝无厌足,殷勤固请重说深义,闻已赞叹倍生欢喜,当知此等皆由往昔已曾亲近曼殊室利,供养恭敬听受斯法,故于今时能成是事。

尔时,具寿大迦叶波便白佛言:如来善说现在、当来善男子等闻深般若波罗蜜多,信解修行诸行、状、相。

佛言:如是,如汝所说。我已善说彼行、状、相。

【曼译】尔时摩诃迦叶白佛言:世尊,于当来世,若说如是甚深正法,谁能信解,如闻受行。

佛告迦叶:今此会中比丘、比丘尼、优婆塞、优婆夷,得闻此经者,如是人等于未来世,若闻是法必能信解。于甚深般若波罗蜜,乃能读诵、信解、受持,亦能为他人分别演说。

譬如长者失摩尼宝,忧愁苦恼,后若还得,心甚欢喜,如是迦叶,比丘、比丘尼、优婆塞、优婆夷等,亦复如是,有信乐心。若不闻法则生苦恼,若得闻时信解受持,常乐读诵,甚大欢喜。当知此人即是见佛,亦即亲近供养诸佛。

佛告迦叶：譬如忉利天上，波利质多罗树疱初出时，是中诸天，见是树已，皆大欢喜，此树不久必当开敷。若比丘、比丘尼、优婆塞、优婆夷，得闻般若波罗蜜，能生信解，亦复如是。此人不久，亦当开敷一切佛法。于当来世，有比丘、比丘尼、优婆塞、优婆夷，闻般若波罗蜜，信受、读诵，心不悔没，当知是人已从此会听受是经，亦能为人聚落城邑广说流布，当知是人佛所护念。

如是甚深般若波罗蜜中，有能信乐，心无疑惑者，是善男子善女人，于过去诸佛，久已修学殖诸善根。譬如有人以手穿珠，忽遇无上真摩尼宝，心大欢喜，当知是人必已曾见。如是迦叶，若善男子善女人修学余法，忽然得闻甚深般若波罗蜜，能生欢喜亦复如是，当知此人已曾闻故。若有众生，得闻甚深般若波罗蜜，心能信受，生大欢喜，如是人等，亦曾亲近无数诸佛，从闻般若波罗蜜已修学故。

譬如有人先所遥见城邑聚落，后若闻人赞叹彼城所有园苑，种种池泉，花果林树，男女人民皆可爱乐，是人闻已，即大欢喜，更劝令说，是城园苑众好严饰，杂花池泉多诸甘果，种种珍妙，一切爱乐，是人得闻，重甚欢喜，如是之人，皆曾见故。若善男子善女人，有闻般若波罗蜜，信心听受，能生欢喜，乐闻不厌而更劝说，当知此辈，已从文殊师利曾闻如是深般若波罗蜜故。

迦叶白佛言：世尊，若将来世善男子善女人，得闻是甚深般若波罗蜜，信乐听受以是相故，当知此人亦于过去佛所，曾闻修学。

【僧译】尔时长老摩诃迦叶白佛言：世尊，未来世谁能信此深法？谁乐听此法？

佛告迦叶：即今日四众，比丘、比丘尼、优婆塞、优婆夷，于未来世能信此法，闻说此深般若波罗蜜，当知此法，当求此法。迦叶，譬如长者或长者子，已失一大宝珠，价值亿万两金，大生忧恼。今更还得，生大欢喜，忧恼悉灭。如是，迦叶，比丘、比丘尼、优婆塞、优婆夷，于未来世，闻此最深般若波罗蜜经，与般若相应，闻已生喜，心得安乐，无复忧恼，亦复如是。当作是言："我等今日得见如来，供养如来。所以者何？以得闻此甚深微妙六波罗蜜故。"

迦叶，譬如三十三天见波利质多罗树初生疱时，作如是念："此疱不久必当开敷。"如是，迦叶，比丘、比丘尼、优婆塞、优婆夷，闻此般若波罗蜜经，心生欢喜，亦复如是。我于来世必得此法。迦叶！此深般若波罗蜜，如来灭后，当住不灭，处处流行。迦叶，以佛力故，未来世中，若善男子、善女人，当得此深般若波罗蜜。

迦叶，如摩尼珠师见摩尼宝心生欢喜，不假思量即知真伪。何以故？以串见故。如是，迦叶，若人闻此般若波罗蜜相应法，闻已欢喜，生信乐心，当知此人先世已闻此般若波罗蜜，从久远劫来已曾供养诸佛。

迦叶白佛言：世尊，此善男子、善女人，今闻此法，于未来世转复信解。

佛告摩诃迦叶：如是，如是，如汝所说。

【疏】此处释迦藉答迦叶问，用譬喻来说，此深妙法本来具足，非由造作而成，能信解、修学、现证的人，有如本具宝珠，失去再得，得来的宝珠并非新得，只是发现。这即是如来藏思想，这即是佛种姓。

又说，闻文殊师利说深般若波罗蜜多，亦非初闻。有如人曾游一城邑，再听人说此城邑的事。这即是说，文殊所说，非由文殊所造，实为本具，文殊菩萨只是将本来具足的法门说出来，令人得证本来具足的智。

成佛并非新得，令可以成就佛位的甚深微妙法亦非新造，以至于佛的密意及由密意所显示的见地，一切皆非新成，此皆本来具足，这正是如来藏的究竟见，亦即深般若波罗蜜多见。

菩萨于观修般若波罗蜜多时，其初尚可由超越相对缘起而住于空性，及后久久观修，于悟入深般若波罗蜜多时，即于空性亦不住。这是因为空性还是假施设，既有施设，即有作意，观修空性即由作意而观，若以为于空性已有所得,这便是基于作意而得,其实并无所得,因为有所得的空性实在只是新得,依名言句义而得,依假施设而得,这些都是对悟入深般若波罗蜜多的妨碍。于深般若中,只是佛性的显露,由此显露便离能所,无能得所得可言,以一切本然具足故,佛性本然、本觉本然、真如本然、实相本然、本性自性本然,如是种种都非新得,所以佛经中常以身怀摩尼宝珠而不自知作比喻。此处则比喻宝珠失而复得,与身怀宝珠同义。

说非新得,说本来具足,此密意颇难令人信受,所以至今尚有诤论。依一般学人的心态,总认为修学既有证量,这证量实为新得,然而若为新得,便须有种种成佛的证量,甲佛、乙佛可以分别,正因不是新得,成佛才须要"渐修顿证"。于渐修时,次第得证量,这些证量其实是引发觉性逐渐显露,佛性逐渐显露,行者因心理状态有所改变,于是认为新得。殊不知这些由渐修而成的次第证量,实在仍然落于假施设的名言句义。必须渐修成熟,才能顿证。无论谁人成佛,成佛的证量都同一境界,顿证亦可以有次第,例如禅宗的三关,又例如宁玛派的三自解脱——心性自解脱、法性自解脱、平等性自解脱。这些次第,即是出离世间的三重突破,经此三重突破才能名言句义尽,成熟出离。以其法义甚为深密,是故若不深植善根,即难信解,本段经文是故强调这点。

【奘译】曼殊室利即白佛言:现在、当来善男子等闻是深法诸行、状、相,当知即非诸行、状、相,以所闻法微妙寂静,诸行、状、相皆不可得,云何如来作如是说:我已善说彼行、状、相?

【曼译】文殊师利白佛言:世尊,佛说诸法无作无相第一寂灭,若善男子善女人,有能如是谛了斯义,如闻而说,为诸如来之所赞叹,不违法相。是即佛说,亦是炽然。般若波罗蜜相亦名炽然,具足佛法,通达实相,不可思议。

【僧译】尔时文殊师利白佛言:世尊,此法无行无相,说此法者亦无行无相。云何世尊说有行相？

【疏】此说深般若波罗蜜多，"微妙寂静，诸行、状、相皆不可得"。此义已见上面所说。

本来具足，即是微妙；名言句义尽，即是寂静。能悟入本来具足而世间名言句义尽，即无诸行、状、相可得。假如要做一个比喻，那便可以说，有如荧光屏影像世界中人，其心已离荧光屏，由是而觉知荧光屏中的影像世界，这时便无诸行、状、相可得，以悟知自己处身的世间为影像世界故，一切唯是影像，一切影像自性即是本性，如是即悟入深般若波罗蜜多。因为这时候，他已现证微妙寂静而证知如来法身功德。

然则，世尊何以又说"我已善说彼行、状、相"？由文殊此问，才能引起下文。

【奘译】佛告曼殊室利童子：如是，如是，如汝所说。现在、当来善男子等闻是深法诸行、状、相，彼实皆非诸行、状、相，以所闻法微妙寂静，诸行、状、相皆不可得。然彼闻说甚深法时，欢喜受持、信解、修学，必于过去已曾得闻欢喜受行，故能如是，此行、状、相依世俗说，非胜义中有如是事。曼殊室利当知，显了甚深般若波罗蜜多，即为显了一切佛法，通达真实不思议事。曼殊室利，我本修学菩萨行时所集善根，皆由修学甚深般若波罗蜜多方得成满。欲住菩萨不退转地，欲证无上正等菩提，亦由修学甚深般若波罗蜜多乃能成办。

曼殊室利，若善男子、善女人等欲集菩萨所集善根，当学如是甚深般若波罗蜜多。曼殊室利，若善男子、善女人等欲住菩萨不退转地，当学如是甚深般若波罗蜜多。曼殊室利，若善男子、善女人等欲证无上正等菩提，当学如是甚深般若波罗蜜多。曼殊室利，若善男子、善女人等，欲善通达一切法界平等之相，当学如是甚深般若波罗蜜多。曼殊室利，若善男子、善女人等，欲善了知一切有情心行平等，当学如是甚深般若波罗蜜多。曼殊室利，若善男子、善女人等，欲疾证得一切佛法，当学如是甚深般若波罗蜜多。

曼殊室利，若善男子、善女人等，欲知佛说如来不能现觉诸法秘密义趣，当学如是甚深般若波罗蜜多。何以故？所觉诸法及能觉者不可得故。曼殊室利，若善男子、善女人等，欲知佛说如来不能证诸佛法秘密义趣，当学如是甚深般若波罗蜜多。何以故？所证佛法及能证者不可得故。曼殊室利，若善男子、善女人等，欲知佛说如来不能证得无上正等菩提相好威仪无不具足秘密义趣，当学如是甚深般若波罗蜜多。何以故？所证无上正等菩提相好威仪及能证者不可得故。曼殊室利，若善男子、善女人等，欲知佛说如来不成一切功德不能化导一切有情秘密义趣，当学如是甚深般若波罗蜜多。何以故？一切功德所化有情及诸如来不可得故。曼殊室利，若善男子、善女人等欲于诸法得无碍解，当学如是甚深般若波罗蜜多。何以故？甚深般若波罗蜜多不见诸法有少真实若净若染，生灭等故。曼殊室利，若善男子、善女人等，欲知诸法非去、来、今及无为相，当学如是甚深般若波罗蜜多。何以故？以真法界非去、来、今及无为故，诸法皆入真法界故。

曼殊室利，若善男子、善女人等欲于诸法得无疑惑，当学如是甚深般若波罗蜜多。曼殊室利，若善男子、善女人等，欲能三转、十二行相无上法轮，及于其中都无执著，当学如是甚深般若波罗蜜多。曼殊室利！若善男子、善女人等欲得慈心普覆一切，而于其中无有情想，当学如是甚深般若波罗蜜多。曼殊室利！若善男子、善女人等，欲与世间同入法性无诸诤论，而于世间及诸诤论都无所得，当学如是甚深般若波罗蜜多。曼殊室利，若善男子、善女人等，欲遍了达处、非处境都无罣碍，当学如是甚深般若波罗蜜多。曼殊室利，若善男子、善女人等，欲得如来力、无畏等无边佛法，当学如是甚深般若波罗蜜多。

【曼译】佛告文殊师利：我本行菩萨道时，修诸善根，欲住阿鞞跋致地，当学般若波罗蜜；欲成阿耨多罗三藐三菩提，当学般若波罗蜜。若善男子善女人，欲解一切法相，欲知一切众生心界皆悉同等，当学般若波罗蜜,文殊师利,欲学一切佛法具足无碍,当学般若波罗蜜,欲学一切佛成阿耨多罗三藐三菩提时,相好威仪无量法式,当学般若波罗蜜。欲知一切佛不成阿耨多罗三藐三菩提、一切法式及诸威仪,当学般若波罗蜜。何以故?是空法中,不见诸佛菩提等故。

若善男子善女人,欲知如是等相无疑惑者,当学般若波罗蜜。何以故?般若波罗蜜,不见诸法若生若灭,若垢若净。

是故善男子善女人,应作如是学般若波罗蜜:欲知一切法无过去未来现在等相,当学般若波罗蜜。何以故?法界性相无三世故。

欲知一切法同入法界,心无罣碍,当学般若波罗蜜。

欲得三转十二行法轮,亦自证知而不取著,当学般若波罗蜜。

欲得慈心遍覆一切众生而无限齐,亦不作念有众生相,当学般若波罗蜜。

欲得于一切众生不起诤论,亦复不取无诤论相,当学般若波罗蜜。

欲知是处非处、十力、无畏,住佛智慧得无碍辩,当学般若波罗蜜。

【僧译】佛告文殊师利:我本行菩萨道时,修诸善根,欲住阿惟越致地,当学般若波罗蜜。欲成阿耨多罗三藐三菩提,当学般若波罗蜜。若善男子、善女人,欲解一切法相,欲知一切众生心界皆悉同等,当学般若波罗蜜。文殊师利,欲学一切佛法具足无碍,当学般若波罗蜜。欲学一切佛成阿耨多罗三藐三菩提时相好威仪无量法式,当学般若波罗蜜。欲知一切佛不成阿耨多罗三藐三菩提一切法式及诸威仪,当学般若波罗蜜。何以故?是空法中不见诸佛菩提等故。若善男子、善女人,欲知如是等相无疑惑者,当学般若波罗蜜。何以故?般若波罗蜜不见诸法若生若灭、若垢若净。是故善男子、善女人,应作如是学般若波罗蜜。欲知一切法无过去、未来、现在等相,当学般若波罗蜜。何以故?法界性相无去、来、现在故。欲知一切法同入法界心无罣碍,当学般若波罗蜜。欲得三转十二行法轮,亦自证知而不取著,当学般若波罗蜜。欲得慈心遍覆一切众生而无限齐,亦不作念有众生相,当学般若波罗蜜。欲

得于一切众生不起诤论,亦复不取无诤论相,当学般若波罗蜜。欲知是处非处、十力、无畏,住佛智慧,得无碍辩,当学般若波罗蜜。

【疏】上面大段经文,唯玄奘译云"当学甚深般若波罗蜜多",余二译则云"当学般若波罗蜜多",以玄奘译为合。深般若与般若有区别,例如《心经》说"观自在菩萨行深般若波罗蜜多时",此即说观自在菩萨行"深般若波罗蜜多行"之时,此即非行"般若波罗蜜多行",故知二者即有区别。于中观,内大中观即是深般若,外中观即是般若(参考敦珠宁波车:《四部宗义要略》)[①]。

此段经文实说深般若波罗蜜多,亦即说离相依相对的了义大中观。

世间的至高缘起,是相对缘起,此如《入楞伽经》,大慧菩萨问佛一百零八句,即是问相对缘起法。若依大中观离相依相对缘起而见世间,便见情器世间实依相碍缘起而成立。相碍缘起非世间知识所能知。如我们的情器世间,何以一切事物都成为立体,便非世间知识可以解说,只能知其然而不知其所以然,说我们的情器世间是三度空间,所以一切事物显现为立体,若再追问其所以,何以是三度空间,便无人可以说出其究竟,即使用量子物理学亦不能回答。量子力学仅能说,能量是波,质点是立体。这便依然未解释立体的问题。这问题唯有用相碍缘起来说。

今略说相碍缘起。由相碍缘起成立一切法有,即是"任运圆成"。一切识境中的一切事物(不只是我们这个三度空间的一切事物),甚至一切概念,都须适应相碍始能成为有。不同的事物、概念,所须适应的相碍,各各不同,各适其适,是即"任运"。如人所适应,即与蚯蚓所适应不同,人主要用眼与耳来观察外境,蚯蚓无眼无耳,它只能用触觉来观察外境,因此人与蚯蚓所须适应的相碍,一定绝对不同。如是由任运而得圆满成就,便称为任运圆成。

---

① 见谈锡永:《宁玛派四部宗义释》,台北:全佛文化,2008 年。

关于相碍缘起,对现代人来说不难理解,但在古代,便很难理解,何以一切时空的世间都必须由任运而始得圆成,因为相碍即是局限,任运便是对局限的适应,我们这个世间,局限于三度空间这一条件,因此,不但事物须为立体,甚至可以说,连概念都是立体,甚至当我们说平面时,其实在概念上,是由立体的一个面来说平面,并无一个二度空间的实际平面可说。所以我们这个三度空间的世界,事物非成为立体不可,否则便不能在我们这个世间存在或显现。这重任运圆成,在古代即难理解。

复次,于说三度空间事物必为立体时,不需要说,他要这样那样,他受到这种局限那种局限,他要用这种功能那种功能来适应,只需说,时空便是他的相碍,适应时空便是他的任运,那便够了。否则,便落在纠缠不清的名言句义里,于是,相碍缘起便又成为世间知识层次的缘起。所以"任运圆成"可以说是世俗的胜义。

正由于无边时空的无边情器世界,都须由任运而圆成,所以才说,周遍一切界平等。在这大平等中,即不能说有诸行、诸状、诸相为真实的显现,因为我们不能说出"任运"的真实行、状、相。以人为例,人体结构精密,即使是研究人体的科学家,都无法说出,这个人体结构到底是适应哪一些相碍、要适应多少种相碍才能成立人体,是故,即可说为无真实行、状、相。总括一句来说,周遍一切界(周遍一切时空的世间),一切诸法皆依相碍缘起而任运圆成,是即一切诸法都是影像,无真实的行、状、相。若说有行、状、相,其实都依名言与句义而成立,而且必然是不同世间有不同的名言句义,能这样理解,便可以说,周遍一切界的世俗,都无真实的行、状、相可得。本段经文,实先依相碍缘起的任运圆成,来说深般若波罗蜜多的"清净大平等性",这是善巧方便。更依此善巧方便,经文说种种不可得,轮回界一切法不可得,涅槃界亦一切法不可得。明此理,即随文易知。

【奘译】尔时,曼殊室利童子即白佛言:我观如是甚深般若波罗蜜多,无相、无为,无诸功德,无生、无灭,无力、无能,无去、无来,无入、无出，无损、无益、无知、无见，无体、无用，非造作者，亦不能令诸法生灭，不令诸法为一、为异，无成、无坏，非慧、非境，非异生法、非声闻法、非独觉法、非菩萨法、非如来法，非证、不证，非得、不得，非尽、不尽，不入生死、不出生死，不入涅槃、不出涅槃，于诸佛法不成、不坏，于一切法非作、不作，非可思议、不可思议，离诸分别、绝诸戏论。如是般若波罗蜜多都无功德，云何如来劝有情类精勤修学？

佛告曼殊室利童子：如是所说即是般若波罗蜜多真实功德，善男子等若如是知，此即名为真实修学甚深般若波罗蜜多。

复次，曼殊室利童子，若菩萨摩诃萨欲学菩萨胜三摩地，欲成菩萨胜三摩地，欲住如是三摩地中，见一切佛，知佛名字，及见如是诸佛世界，能证、能说诸法实相无障、无碍，当学如是甚深般若波罗蜜多，昼夜精勤，勿生厌倦。

【曼译】尔时，文殊师利白佛言：世尊，我观正法无为无相、无得无利、无生无灭、无来无去、无知者、无见者、无作者。不见般若波罗蜜，亦不见般若波罗蜜境界。非证非不证，不作戏论，无有分别。一切法无尽离尽，无凡夫法、无声闻法、无辟支佛法，佛法非得非不得，不舍生死，不证涅槃，非思议非不思议，非作非不作。法相如是。不知云何当学般若波罗蜜？

尔时，佛告文殊师利：若能如是知诸法相，是名学般若波罗蜜。菩萨摩诃萨若欲学菩提自在三昧，得是三昧已，照明一切甚深佛法，及知一切诸佛名字，亦悉了达诸佛世界，无有障碍。当如文殊师利所说般若波罗蜜中学。

【僧译】尔时文殊师利白佛言：世尊，我观正法，无为无相，无得无利，无生无灭，无去无来，无知者无见者无作者，不见般若波罗蜜，亦不见般若波罗蜜境界，非证非不证，不作戏论，无有分别。一切法无尽离尽，无凡夫法，无声闻法，无辟支佛法、佛法，非得非不得，不舍生死，不证涅槃，非思议非不思议，非作非不作。法相如是。不知云何当学般若波罗蜜？

尔时佛告文殊师利：若能如是知诸法相，是名学般若波罗蜜。菩萨摩诃萨若欲学菩提自在三昧，得是三昧已，照明一切甚深佛法，及知一切诸佛名字，亦悉了达诸佛世界，无有障碍，当如文殊所说般若波罗蜜中学。

【疏】文殊总结甚深般若波罗蜜多，实即由不二而见，亦可说由智识双运而见。由此法门而见识境相一切皆不真实，故可以说为如梦如幻。于梦幻中，即般若波罗蜜多亦不可见为真实。

文殊问佛，深般若波罗蜜多当如何学？佛答，文殊所说，即如实知诸法法相，是即般若波罗蜜多的修学，故学深般若，即是学如何见诸法实相。

诸法实相非为无相。初，住识境中见有相；及后，离识境见无相；于究竟时，住智识双运境界，则见一切诸法实相，此实相由无二而见，不住于边，亦不住于中。玄奘译文中有一段相当重要，说明观修甚深般若波罗蜜多的殊胜与利益，经言：

> 复次，曼殊室利童子！若菩萨摩诃萨欲学菩萨胜三摩地，欲成菩萨胜三摩地，欲住如是三摩地中，见一切佛，知佛名字，及见如是诸佛世界，能证、能说诸法实相无障、无碍，当学如是甚深般若波罗蜜多，昼夜精勤，勿生厌倦。

由奘译经文可知，诸佛由自内证智得证如来法身，实在是证入一个智境，而不是证入一个个体。证智时，同时起后得智，由后得智见一切识境世间，所以内自证智境非独是佛现证的自然智、根本智，实在无时不是根本智与后得智双运，因此这双运境界，便即是深般若波罗蜜多境界。

深般若境界，亦不能说是如来所住的境界，因为如来实无所住。般若亦是名言施设，亦是佛的言说，是故不能说如来可住入言说。

经中说"能证、能说诸法实相无障、无碍"，即是说相碍缘起的任运圆成,诸法实相由任运而适应障碍,以既能适应,即无障无碍,由是可知见诸法任运圆成,即见诸法实相。

又,此处说观修功德,下面经文始说观修,实在亦有要义,于下面即当疏说。

【奘译】曼殊室利即白佛言:何故名为甚深般若波罗蜜多?

佛告曼殊室利童子:甚深般若波罗蜜多,无相、无名,无边、无际,无归依处,非思量境,非罪、非福,非闇、非明,如净虚空等真法界,分齐、数量都不可得。由如是等种种因缘,是故名为甚深般若波罗蜜多。

复次,曼殊室利童子,甚深般若波罗蜜多是诸菩萨甚深行处,若诸菩萨能行是处,于诸境界悉能通达,如是行处非一切乘之所行处。所以者何? 如是行处无名、无相、非所分别,是故名为非所行处。

【曼译】文殊师利白佛言:世尊,何故名般若波罗蜜?

佛言:般若波罗蜜无边无际、无名无相、非思量、无归依、无洲无渚、无犯无福、无晦无明、如法界无有分齐,亦无限数,是名般若波罗蜜,亦名菩萨摩诃萨行处。非行处非不行处,悉入一乘,名非行处,何以故? 无念无作故。

【僧译】文殊白佛言:世尊,何故名般若波罗蜜?

佛言:般若波罗蜜,无边无际,无名无相,非思量。无归依,无洲渚,无犯无福,无晦无明,如法界无有分齐亦无限数,是名般若波罗蜜,亦名菩萨摩诃萨行处。非行非不行处,悉入一乘,名非行处。何以故? 无念无作故。即是一切诸佛之母,一切诸佛所从生故。何以故? 以无生故。

【疏】奘译"如是行处非一切乘之所行处",恐误。应依余二译,译为"悉入一乘,名非行处"。即是说行深般若波罗蜜多行,亦即入一乘,此一乘名为佛乘,或一佛乘,其见修即依如来藏,即依不二法门。然而这深般若波罗蜜多行,亦即"非所行处",因为"如是行处无名、无相、非所分别,是故名为非所行处"。这即是说,若依识境名言句义而行,可以称为所行处(行处),若名言句义尽,则不能名为所行处,是故名为非所行处。深般若波罗蜜多行,即由名言句义尽而行,所以在《心经》中,蕴处界尽、十二因缘尽,以至证智的概念亦尽,此即观自在菩萨之所行处。

由是佛由言说来演示密意,即用"甚深般若波罗蜜多"这个名言来作言说;即演示密意境界。说"无名无相"等,即说,于密意中一切名言句义皆不可住;说"分齐、数量都不可得"等,即演示唯有法界才能与如来法身、如来智无有分别,是即说为身、智、界三无分别,此三无分别的境界,便是一切识境的显现基。依此显现基,即可说名为深般若波罗蜜多,是即由甚深智慧得离轮回岸至涅槃岸。

【奘译】曼殊室利复白佛言:诸菩萨摩诃萨修行何法,疾证无上正等菩提?

佛告曼殊室利童子:若菩萨摩诃萨行深般若波罗蜜多心无懈倦,疾证无上正等菩提。

复次,曼殊室利童子,若菩萨摩诃萨能正修行一相庄严三摩地者,疾证无上正等菩提。

曼殊室利复白佛言:云何名为一相庄严三摩地? 诸菩萨众云何修行?

佛告曼殊室利童子:此三摩地以法界相而为庄严,是故名为一相庄严三摩地。若菩萨摩诃萨欲入如是胜三摩地,先应听闻、请问、修学甚深般若波罗蜜多,然后能入此三摩地。曼殊室利,若菩萨摩诃萨不动法界,知真法界不应动摇、不可思议、不可戏论,如是能入一相庄严三摩地。

曼殊室利,若善男子、善女人等欲入如是三摩地者,应处空闲离诸谊杂,结跏趺坐不思众相,为欲利乐一切有情,于一如来专心系念,审取名字、善想容仪,随所在方端身正向。相续系念此一如来,即为普观三世诸佛。所以者何? 曼殊室利,一佛所有无量无边功德辩才等,一切佛、三世诸佛,乘一真如,证大菩提无差别故。

曼殊室利,若善男子、善女人等精勤修学,得入如是一相庄严三摩地者,普能了达无量无边殑伽沙等诸佛法界无差别相,亦能总持无量无数殑伽沙等诸佛菩萨,已转未转无上法轮。如阿难陀多闻智慧,于诸佛教得念总持,声闻众中虽最为胜,而所持教犹有分限,若得如是一相庄严三摩地者,多闻智慧、念总持力,不可思议,普能受持无量无数殑伽沙等诸佛菩萨无上法轮,一一法门皆能了达甚深义趣,宣说、开示,辩才无尽,胜阿难陀多百千倍。

【曼译】文殊师利白佛言:世尊,当云何行能速得阿耨多罗三藐三菩提?

佛言:文殊师利,如般若波罗蜜中所说行,能速得阿耨多罗三藐三菩提。复有一行三昧,若善男子善女人,修是三昧者,亦速得阿耨多罗三藐三菩提。

文殊师利言:世尊,云何名一行三昧?

佛言:法界一相系缘法界,是名一行三昧。若善男子善女人,欲入一行三昧,当先闻般若波罗蜜,如说修学,然后能入一行三昧。如法界缘,不退不坏,不思议无碍无相。善子善女人,欲入一行三昧,应处空闲,舍诸乱意,不取相貌,系心一佛,专称名字,随佛方所,端身正向,能于一佛念念相续,即是念中,能见过去未来现在诸佛。何以故?念一佛功德无量无边,亦与无量诸佛功德无二。不思议佛法等无分别,皆乘一如成最正觉,悉具无量功德,无量辩才。如是入一行三昧者,尽知恒沙诸佛法界无差别相。

阿难所闻佛法,得念总持辩才智慧,于声闻中虽为最胜,犹住量数,则有限碍。若得一行三昧,诸经法门一一分别,皆悉了知,决定无碍,昼夜常说智慧辩才,终不断绝,若比阿难多闻辩才,百千等分不及其一。

【僧译】缺。

【疏】文殊所问,是问菩萨的行持,是即“菩萨行”。

释迦答,菩萨行即是"一相庄严三摩地"(ekavyūha-samādhi,依曼译为"一行三昧")。菩萨于行持中,亦入止观境界,这个境界是,将法界中的一切诸法,皆观为法界的庄严,因此周遍一切界的诸法,无非只是庄严法界的自显现,无论坛城、本尊、六道众生,以至一切器世间,其显现只是"一相",只是唯一法界庄严相。以此"一相"而行"一行"。

然则如何修行此三摩地? 佛言,须先听闻、请问、修学甚深般若波罗蜜多,然后始能入此三摩地。这即是说,须现证深般若波罗蜜多,才能入一相庄严三摩地。

佛所说的观修法门,实同密乘。密乘依瑜伽行,于观修时,有抉择、观修、决定、现证的次第,佛之所说,即是依深般若波罗蜜多,成抉择见与决定见,得决定见后,复由观修而成现证,现证时所入的三摩地,便是证量,亦即此一相庄严三摩地。

佛又说,须"于一如来专心系念,审取名字、善想容仪,随所在方端身正向。相续系念此一如来,即为普观三世诸佛",如是而入此三摩地。

此处佛之所说,包括得抉择见后的观修,以及得决定见后的观修。"于一如来专心系念,审取名字、善想容仪",此为得抉择见后的观修;"相续系念此一如来,即为普观三世诸佛",此为得决定见后的观修。由此观修而成现证,由现证而成一相庄严三摩地。于三摩地中,周遍一切界的一切诸法相(法界相),都是法界的庄严,是即法界上一切显现都成一相。依曼译,定中的境界,即为"不思议佛法等无分别,皆乘一如成最正觉","尽知恒沙诸佛法界无差别相"。

此中所说的理趣,亦即密乘观修的理趣。

依此观修而成现证,即有无量无边功德。如经言,即能总持无量无边诸佛菩萨,已说未说的无上法门。连未说的法门都可以总持,那便是因为已现证诸佛密意故,现证密意便不需依言说。由是可知,一相庄严三摩地,实即证入如来藏,住入智识双运的境界。既住入此境界,即能了达一切法门,可以"宣说、开示,辩才无尽"。

【奘译】曼殊室利即白佛言：彼菩萨乘善男子等，云何得此三摩地时便获无边功德胜利？

【曼译】菩萨摩诃萨应作是念，我当云何逮得一行三昧不可思议功德无量名称？

【僧译】缺。

【疏】依玄奘译，此句为文殊所问，依曼译，此句为释迦所说，然而二者无异，实即说，菩萨应思念，为什么得此三摩地便可得无量无边功德。

此处所说，即行人的"随忆念"。随忆念是行人的行持，行者若不知三摩地的行持，即未真实住入三摩地的境界，这是瑜伽行观修法门的要义。

【奘译】佛言：童子，彼菩萨乘善男子等，精勤修学一相庄严三摩地者，常作是念："我当云何能普通达诸佛法界，受持一切无上法轮，与诸有情作大饶益。"由斯得此三摩地时，便获无边功德胜利。曼殊室利，彼菩萨乘善男子等，先闻如是一相庄严三摩地功德，发勤精进系念思惟，如如思惟此定功德，如是如是功德相现；既见此相如先所闻，深生欢喜转勤修习，渐次得入此三摩地，功德胜利不可思议。若诸有情毁谤正法，不信善恶、业障重者，彼于此定不能证得。

【曼译】佛言：菩萨摩诃萨当念一行三昧，常勤精进而不懈怠，如是次第渐渐修学，则能得入一行三昧，不可思议功德作证。除谤正法不信、恶业重罪障者所不能入。

【僧译】缺。

【疏】为什么得入"一相庄严三摩地"便能得无量无边功德？

行者于观修时（此时未入"一相庄严三摩地"），由闻此三摩地的功德而作思维，复由观修而自然得此功德相。例如，于先所闻的佛说，忽然能生胜解；于佛未说的密意，忽然能够悟入，那时便由信此功德，而成现证此功德，于是"深生欢喜转勤修习，渐次得入此三摩地"。于入三摩地后，即能遍得一切功德。

上面经文先说功德，然后才说观修，即是因为须先"如如思惟此定功德"，然后观修，始得"如是如是功德相现"，所以先说功德，亦即先说决定见。

上面一段经文以及此处经文，佛正说观修，虽然所说简略，却实在精要，例如依此处所说，先由信此功德，然后证此功德，那便是观修的要点。

信，由闻、思而来，依信而修，即依由闻、思而得的见地而修，此即佛说的"闻所成慧""思所成慧"，是即观修所依的抉择见。及至修时，得"修所成慧"，于是依修所成慧而成决定，复依决定见而作精勤观修，由是即成现证。这便是这段经文之所说。

【奘译】曼殊室利，譬如有人遇得宝珠，示治宝者言："我此宝价值无量，然其形色未甚光鲜，汝当为我如法磨莹，但令鲜净勿坏形色。"其治宝者随彼所言，依法专心如如磨莹，如是如是光色渐发，乃至究竟映彻表里，既修治已，价值无量。曼殊室利，彼菩萨乘善男子等，渐次修学此三摩地亦复如是，乃至得此三摩地时，便获无边功德胜利。

曼殊室利，譬如日轮普放光明作大饶益，如是若得一相庄严三摩地时，普照法界，亦能了达一切法门，为诸有情作大饶益，功德胜利不可思议。

曼殊室利，如我所说种种法门皆同一味，谓远离味、解脱味、寂灭味，无所乖违。彼菩萨乘善男子等，若得如是三摩地时，所演法门亦同一味，谓远离味、解脱味、寂灭味，无所乖违。彼菩萨乘善男子等，若得如是三摩地时，随演法门辩说无尽，速能成满菩提分法。是故，曼殊室利童子，若菩萨摩诃萨能正修行一相庄严三摩地者，疾证无上正等菩提。

复次，曼殊室利童子，若菩萨摩诃萨不见法界种种差别及一相者，疾证无上正等菩提。若菩萨乘善男子等，忍菩萨法不应修行，忍大菩提不应求趣，达一切法本性空故，彼由此忍疾证无上正等菩提。

若菩萨乘善男子等信一切法皆是佛法，闻一切空心不惊疑，由此因故疾证无上正等菩提。若菩萨乘善男子等闻说诸法无不皆空，心不迷闷亦无疑惑，彼于佛法常不舍离，疾证无上正等菩提。

【曼译】复次，文殊师利，譬如有人得摩尼珠示其珠师，珠师答言，此是无价真摩尼宝。即求师言：为我治磨，勿失光色，珠师治已，随其磨时，珠色光明映彻表里。文殊师利，若有善男子善女人，修学一行三昧不可思议功德无量名称，随修学时知诸法相，明达无碍功德增长，亦复如是。

文殊师利，譬如日轮光明遍满，无有灭相，若得一行三昧，悉能具足一切功德无有缺少，亦复如是，照明佛法如日轮光。

文殊师利，我所说法皆是一味、离味、解脱味、寂灭味。若善男子善女人，得是一行三昧者，其所演说亦是一味、离味、解脱味、寂灭味，随顺正法无错谬相。文殊师利，若菩萨摩诃萨得是一行三昧，皆悉满足助道之法，速得阿耨多罗三藐三菩提。

复次，文殊师利，菩萨摩诃萨不见法界有分别相，及以一相速得阿耨多罗三藐三菩提相，不可思议。是菩提中亦无得佛，如是知者，速得阿耨多罗三藐三菩提。若信一切法悉是佛法，不生惊怖，亦不疑惑，如是忍者，速得阿耨多罗三藐三菩提。

【僧译】缺。

【疏】此说由渐修而得顿证。

佛言，因为佛说的种种法门皆同一味，所以菩萨渐次修学，于顿证时，便能了达种种法门，而且是由得佛密意而了达，并不是落于言说而自以为了达，如是即能速得无上正等正觉（阿耨多罗三藐三菩提）。

于是佛即以治摩尼宝珠为喻，渐次修治宝珠，令珠放光，即如行者渐次修学，能入一相庄严三摩地，普照法界，了达佛一切言说、了达佛说的种种法异门，同时了达一切识境自显现，由此周遍了达，所以便能获得无边不可思议功德。

无上密乘修"现空""明空"，从而由"觉空"而现证"乐空"，这亦可以说是观修一相庄严三摩地，用道名言来说，便即是观修智识双运境界。这个境界，无论说为乐空，或说为智识双运，都能统摄无量无边功德。

再通俗一点来说，有如行者现证法界的生机，那便是无量无边的如来法身功德。因为生机周遍法界，自然无量无边。复次，由此现证，即了达如来身智界，所以便能与如来法身功德相应。再由道名言来说，于行者现证一切诸法本性自性空时，即入深般若波罗蜜多；若入一相庄严三摩地时，即得无量无边功德，这就是观修的究竟行。在《心经》中，佛与观自在菩萨同时入三摩地，观自在菩萨所入，即为深般若波罗蜜多行，佛之所入，即为一相庄严三摩地。知道这点，对理解《心经》有很大的帮助。

【奘译】尔时，曼殊室利童子闻是语已即白佛言：诸佛无上正等菩提，定由因缘而证得不？

佛言：不尔。

曼殊室利复白佛言：诸佛无上正等菩提，不由因缘而证得不？

佛言：不尔，所以者何？不思议界不由因缘及非因缘而可证得，诸佛无上正等菩提当知即是不思议界。

曼殊室利，若善男子、善女人等闻如是说心不惊怖；我说彼于无量佛所，已发大愿、多种善根，是故苾刍、苾刍尼等，闻说如是甚深般若波罗蜜多，心不惊疑亦不迷闷，彼为真实随佛出家。若近事男、近事女等，闻说如是甚深般若波罗蜜多，心不惊疑亦不迷闷，彼为真实归佛、法、僧。若菩萨乘善男子等，不学如是甚深般若波罗蜜多，彼不名为真实修学菩萨乘者。曼殊室利！譬如世间卉木、丛林、药物、种子，一切皆依大地生长；如是菩萨世、出世间一切善根及余胜事，无不皆依甚深般若波罗蜜多而得生长。当知如是甚深般若波罗蜜多所摄受法，皆于无上正等菩提随顺证得，无所乖诤。

【曼译】文殊师利白佛言：世尊，以如是因，速得阿耨多罗三藐三菩提耶。

佛言：得阿耨多罗三藐三菩提，不以因得，不以非因得。何以故？不思议界，不以因得不以非因得。若善男子善女人，闻如是说不生懈怠，当知是人已于先佛种诸善根。是故比丘比丘尼，闻说是甚深般若波罗蜜，不生惊怖，即是从佛出家。若优婆塞优婆夷，得闻如是甚深般若波罗蜜，心不惊怖，即是成就真归依处。

文殊师利，若善男子善女人，不习甚深般若波罗蜜，即是不修佛乘。譬如大地，一切药木皆依地生长。文殊师利，菩萨摩诃萨亦复如是，一切善根，皆依般若波罗蜜而得增长，于阿耨多罗三藐三菩提不相违背。

【僧译】缺。

【疏】此处说诸佛无上正等正觉，非由因缘生，亦不由非因缘生，即是说，正觉已超越因缘，既已超越，便不能再由因缘、非因缘来探讨。

这里所说，亦是"缘生性空"的正见。倘若以为由见缘生而证性空，那便是说诸佛菩提由因而证，是即错见。所以不能说：因为缘生，所以性空，以缘生为性空的因。这样说时，诸佛现证空便仍然落于因缘，未离识境，显然不合理。

【奘译】尔时，曼殊室利童子闻佛所说，便白佛言：此赡部洲当来之世，于何城邑聚落处所演说、开示甚深般若波罗蜜多，人多信受。

佛告曼殊室利童子：今此众中善男子等闻说般若波罗蜜多，信受修行，欢喜发愿："愿我当来随所生处，常闻般若波罗蜜多。"随彼当来所生之处，宿愿力故，即有如是甚深般若波罗蜜多演说、开示，人多信受。

曼殊室利,善男子等闻说般若波罗蜜多,欢喜踊跃深信受者,我说彼类久殖善根,乘宿愿力乃能如是。曼殊室利,有欲听受甚深般若波罗蜜多,汝应告言:"善男子等,随意听受,勿生惊怖,疑惑、不信,反增谤毁。"今此般若波罗蜜多甚深经中不显有法,谓不显有若异生法、若声闻法、若独觉法、若菩萨法、若如来法,成坏可得。

曼殊室利即白佛言:若有苾刍、苾刍尼等来至我所,作是问言:"云何如来为众宣说甚深般若波罗蜜多?"我当答言:"佛说诸法无违诤相。所以者何? 都无有法能与法诤,亦无有情于佛所说能生信解。所以者何? 诸有情类都不可得。"

复次,世尊,我当告彼:如来常说诸法实际。所以者何? 诸法平等,无不皆是实际所摄,此中不说阿罗汉等能逮胜法。所以者何? 阿罗汉等所证得法与异生法无差别相。

复次,世尊,我当告彼:佛所说法,不令有情于般涅槃已正当得。何以故? 以诸有情毕竟空故。

复次,世尊,善男子等来至我所,作是问言:"仁与如来尝所谈论甚深般若波罗蜜多,请为说之,今希听受。"我当告彼:"汝等欲闻,勿起听心,勿专系念,当起如幻如化等心,如是乃能解我所说。汝等若欲听我法者,当起是心:今所闻法如空鸟迹、如石女儿。如是乃能听我所说。汝等若欲闻我法者,勿起二想。所以者何? 我所说法远离二想。汝等今应不坏我想、不起诸见,于诸佛法无所希求,异生法中不乐迁动。何以故? 二法相空,无取舍故。"

世尊,诸有请我宣说甚深般若波罗蜜多,我先如是教诫教授,以无相印印定诸法,令求听者离取著心,然后为说甚深般若波罗蜜多相应之法。

【曼译】尔时,文殊师利白佛言:世尊,此阎浮提城邑聚落,当于何处演说如是甚深般若波罗蜜。

佛告文殊师利:今此会中,若有人闻般若波罗蜜,皆发誓言,于未来世常得与般若波罗蜜相应,从是信解,未来世中能听是经,当知是人不从余小善根中来,所能堪受,闻已欢喜。文殊师利,若复有人从汝听是般若波罗蜜,应作是言:此般若波罗蜜中,无声闻辟支佛法、佛法,亦无凡夫生灭等法。

文殊师利白佛言:世尊,若比丘、比丘尼、优婆塞、优婆夷来问我言,云何如来说般若波罗蜜?我当答言,一切说法无诤论相,云何如来当说般若波罗蜜。何以故?不见有法可与诤论,亦无众生心识能知。复次世尊,我当更说究竟实际,何以故?一切法相同入实际,阿罗汉无别胜法,何以故?阿罗汉法凡夫法,不一不异故。复次世尊,如是说法,无有众生已得涅槃,今得当得。何以故?无有决定众生相故。

文殊师利言:若人欲闻般若波罗蜜,我当作如是说。其有听者,不念不著,无闻无得,当如幻人无所分别,如是说者是真说法,是故听者莫作二相,不舍诸见而修佛法。不取佛法,不舍凡夫法。何以故?佛及凡夫二法相空,无取舍故。若人问我,当作是说,如是安慰,如是建立。善男子善女人,应如是问,作如是住,心不退没,当知法相随顺般若波罗蜜说。

【僧译】缺。

【疏】此说深般若波罗蜜多难以信受,经中说能受此深法,须"久殖善根,乘宿愿力",才堪忍此深法,于是文殊即说,须"勿起二想"而见此深法,这便即是不二法门。

经言,闻深般若波罗蜜多,当起如幻如化等心,才能听法。所谓如幻如化,便即是"非有非非有"。闻法者,住于识境,为识境的名言句义所缚,若依然持着名言句义来理解深般若波罗蜜多,便容易起诤(一如今日之诤如来藏,认为如来藏非佛说),如是即不堪闻法。此如住唯空见者,对深般若的理解,便只是以为缘起甚深、性空甚深,所以般若甚深,依然由"因为缘生,所以性空"来理解深般若,这便是与真实的深般若波罗蜜多相诤,他们所说的般若,只是似般若,在《大宝积经·普明菩

093

萨会》中，佛对此已深加斥责。

听受深般若波罗蜜多，须远离二想，是即远离相依、相对，实在亦离空有的相对，所以说为"不坏我想、不起诸见"。不坏我想，即是不坏世俗；不起诸见，即是不由佛的言说而起见。总的来说，便是"二法相空，无取舍故"。文殊般若的要义即在于此，不落二法(不落世间法，亦不落出世间法)，而且知道一切佛的言说，都不能不落二法，由是离二法而知佛的密意，这才是深般若波罗蜜多，亦即文殊不二法门。

后　分

【奘译】佛赞曼殊室利童子：善哉，善哉，汝能善说我所说法及说方便。

曼殊室利，若善男子、善女人等欲见如来，欲亲近佛供养恭敬，应学如是甚深般若波罗蜜多。若诸有情欲请诸佛为大师者，应学如是甚深般若波罗蜜多。若诸有情欲证无上正等菩提，或不欲证，应学如是甚深般若波罗蜜多。若诸有情于一切定欲得善巧，应学如是甚深般若波罗蜜多。若诸有情于一切定欲自在起，应学如是甚深般若波罗蜜多。所以者何？诸三摩地要知诸法无生无灭、无作无为方自在起。何以故？达诸法空无罣碍故。若诸有情欲达诸法皆有出离，无有一法无出离者，应学如是甚深般若波罗蜜多。若诸有情欲达诸法但假施设无真实者，应学如是甚深般若波罗蜜多。若欲了知诸有情类虽趣无上正等菩提，而无有情趣菩提者亦无退没，应学如是甚深般若波罗蜜多。何以故？达一切法即菩提故。若欲了达一切有情行菩提行，无不行者亦无退没，应学如是甚深般若波罗蜜多。所以者何？菩提即是诸法实性，一切有情皆行诸法，无舍法者，诸行皆空，故无退没。若欲了达一切法性即是菩提，一切菩提即是法界，此即实际，实际即空，心无退没，应学如是甚深般若波罗蜜多。

曼殊室利，甚深般若波罗蜜多，显示诸佛难思作用饶益有情，亦是如来所游戏处。所以者何？甚深般若波罗蜜多不可示现，不可宣说，是无堕法；唯有如来如实觉了，方便善巧为有情说。

【曼译】尔时，世尊赞叹文殊师利：善哉善哉，如汝所说，若善男子善女人欲见诸佛,应学如是般若波罗蜜;欲亲近诸佛如法供养,应学如是般若波罗蜜;若欲言如来是我世尊,应学如是般若波罗蜜;若言如来非我世尊,亦应学如是般若波罗蜜;若欲成阿耨多罗三藐三菩提,亦应学如是般若波罗蜜;若欲不成阿耨多罗三藐三菩提,亦应学如是般若波罗蜜;若欲成就一切三昧,应学如是般若波罗蜜;若欲不成就一切三昧,亦应学如是般若波罗蜜。何以故? 无作三昧无异相故,一切法无生无出故。

若欲知一切法假名,应学如是般若波罗蜜;若欲知一切众生,修菩提道,不求菩提相,心不退没,应学如是般若波罗蜜。何以故? 一切法皆菩提相故。

若欲知一切众生行非行相,非行即菩提,菩提即法界,法界即实际,心不退没,应学如是般若波罗蜜;若欲知一切如来神通变化无相无碍,亦无方所,应学如是般若波罗蜜。

【僧译】是故,文殊师利,若善男子、善女人,欲行菩萨行具足诸波罗蜜,当修此般若波罗蜜。若欲得坐道场,成无上菩提,当修此般若波罗蜜。若欲以大慈大悲遍覆一切众生,当修此般若波罗蜜。若欲起一切定方便,当修此般若波罗蜜。若欲得一切三摩跋提,当修此般若波罗蜜。何以故? 诸三摩提无所为故。一切诸法,无出离无出离处,若人欲随逐此语,当修般若波罗蜜。一切诸法如实不可得,若欲乐如是知,当修般若波罗蜜。一切众生,为菩提故修菩提道,而实无众生亦无菩提,若人欲信乐此法,当修般若波罗蜜。何以故? 一切诸法如实与菩提等如。非众生行,不舍自性,彼众生行是非行,彼非行是菩提,彼菩提是法界。若欲不著此法,当修般若波罗蜜。

【疏】释迦说现证般若波罗蜜多的功德。今依经所说,其功德罗列如下:

1. 能见如来,亲近如来。
2. 能以诸佛为大师,即依佛密意而修学。

3. 得证无上正等菩提（依不二而言，亦可以说为无所证，而经言不欲证）。

4. 于一切定得善巧，能自在起一切定。

5. 入无罣碍而了达诸法空。

6. 了达出离诸法。

7. 了达诸法唯依名言假施设而成为有，无有真实。

8. 了达于无上正等菩提，无所趣入，亦非不趣入（亦无退没），以一切法与菩提无二。

9. 了达一切有情行菩提行，行非行相（奘译"无不行者"，恐误），亦无退没。

10. 了达一切法性即是菩提，一切菩提即是法界，由是知身、智、界三无分别，是即实际。

总结来说，甚深般若波罗蜜多，可说为如来所游戏处，这即是依密意而显示言说，一切佛的言说，都可以说是如来的游戏，一如一切识境，都可以说是如来游戏，亦即法界的庄严。此亦即甚深如来藏义，如来藏是如来法身（佛内自证智境）上有一切识境随缘自显现，这些识境既可以说是如来游戏，亦可以说为法界庄严。由此可知诽拨如来藏，便即诽拨深般若波罗蜜多；诽拨如来藏的观修，便即诽拨观修深般若波罗蜜多的瑜伽行。唯识末流及中观末流，不敢诽拨弥勒的《现观庄严论》、龙树的《法界赞》等论，却敢诽拨如来藏，只是因为他们误解宗见，而住于误解，不知深般若波罗蜜多法门，即文殊不二法门，亦即如来藏法门。这三个法门在言说上似有分别，于佛密意实无分别，这点意思，于上面经文已经畅说。

【奘译】曼殊室利，若有苾刍、苾刍尼等于深般若波罗蜜多，下至受持一四句颂为他演说，定趣菩提住佛境界，况能如说而修行者。当知是人不堕恶趣，疾证无上正等菩提。

曼殊室利，若诸有情闻说如是甚深般若波罗蜜多，心不沉没，亦不惊怖,欢喜信受,当知此辈于诸佛法定当证得,一切如来皆所印可,开许领受为弟子众。

曼殊室利,若善男子、善女人等,信受如来无上法印,谓深般若波罗蜜多,获无量福。如是法印,一切如来、应、正等觉共所护念,诸阿罗汉、菩萨、智者及诸天神皆共守卫。若菩萨乘善男子等此印所印,超诸恶趣、声闻、独觉,定当证得无上菩提。

【曼译】佛告文殊师利:若比丘、比丘尼、优婆塞、优婆夷,欲得不堕恶趣,当学般若波罗蜜。一四句偈受持读诵,为他解说,随顺实相。如是善男子善女人,当知决定得阿耨多罗三藐三菩提,则住佛国。若闻如是般若波罗蜜,不惊不畏,心生信解,当知此辈佛所印可,是佛所行大乘法印。若善男子善女人,学此法印超过恶趣,不入声闻辟支佛道,以超过故。

【僧译】文殊师利,若比丘、比丘尼、优婆塞、优婆夷,若受持般若波罗蜜,一四句偈为他人说,我说此人得不堕法,何况如实修行。当知彼善男子、善女人,住佛境界。

文殊师利,若善男子、善女人,闻此甚深般若波罗蜜,不生怖畏。当知此人,受佛法印。此法印者,是佛所造,是佛所贵。何以故?以此法印,印无著法故。若善男子、善女人,为此印所印,当知是人,随菩萨乘决定不退,不堕声闻、辟支佛地。

【疏】此处赞叹般若波罗蜜多,为现证无上菩提的法门,故说小乘行人当入无上大乘。

【奘译】时,天帝释即与无量三十三天诸天子等,各取种种天妙华香、嗢钵罗花、拘某陀花、钵特摩花、奔茶利花、微妙音花、妙灵瑞花、栴檀香末,供养般若波罗蜜多,奉散如来、曼殊室利、一切菩萨及声闻等;复奏种种天诸音乐,歌赞妙法而为供养;复发愿言:愿我等辈常闻如是甚深般若波罗蜜多无上法印。

时，天帝释复发愿言：愿赡部洲诸有情类，常闻般若波罗蜜多，欢喜受持、成办佛法。我等天众常卫护之，令受持者无诸留难。诸有情类少用功力而得听闻、受持、读诵，当知皆是诸天威力。

尔时，佛赞天帝释言：天主，汝今能发是愿，若有闻此欢喜受持，于诸佛法定能成办，疾趣无上正等菩提。

曼殊室利即白佛言：唯愿如来以神通力，护持般若波罗蜜多久住世间饶益一切。

佛时即现大神通力，令此三千大千世界诸山、大地六反振动；复现微笑，放大光明普照三千大千世界。

曼殊室利便白佛言：此即如来现神通力护持般若波罗蜜多久住世间饶益之相。

佛言：如是，如汝所说。我以神力护持般若波罗蜜多无上法印，令久住世饶益有情。诸佛世尊说胜法已，法尔皆起大神通力，护持此法令住世间，使诸天魔不能得便，诸恶人辈不能谤毁，一切外道深心怖畏。若有精勤学此法者，一切障难无不殄灭。

时，薄伽梵说是经已，一切菩萨摩诃萨众，曼殊室利而为上首，及苾刍等四部大众，天、龙、药叉、阿素洛等一切众会，闻佛所说皆大欢喜、信受奉行。

【曼译】尔时，帝释三十三天，以天妙花优钵罗花、拘物头花、分陀利花、天曼陀罗花等，天栴檀香，及余末香，种种金宝，作天伎乐，为供养般若波罗蜜并诸如来及文殊师利，以散其上。作是供养已，愿我常闻般若波罗蜜法印。释提桓因复作是愿：愿阎浮提善男子善女人，常使得闻是经，决定佛法，皆令信解，受持读诵，为人演说，一切诸天为作拥护。

尔时，佛告释提桓因言：憍尸迦，如是如是。善男子善女人，当得决定诸佛菩提。

文殊师利白佛言：世尊，如是受持善男子善女人，得大利益功德无量。

尔时,以佛神力,一切大地六反震动。佛时微笑,放大光明遍照三千大千世界。文殊师利白佛言:世尊即是如来,印般若波罗蜜相。佛言:文殊师利,如是如是,说般若波罗蜜已,皆现此瑞,为印般若波罗蜜故,使人受持,令无赞毁。何以故?无相法印不可赞毁,我今以是法印,令诸天魔不能得便。

佛说是经已,尔时诸大菩萨及四部众,闻说般若波罗蜜,欢喜奉行。

【僧译】尔时释提桓因及诸天子,从三十三天,雨细末栴檀及细末金屑,又散欝波罗华、钵头摩华、拘物陀华、分陀利华及曼陀罗华,以供养般若波罗蜜。供养已,作如是言:我已供养无上无著最第一法,愿我来世更闻此深般若波罗蜜。若人已为此深般若波罗蜜印之所印,愿其未来复得听受,究竟成就萨婆若智。

尔时释提桓因白佛言:世尊,若善男子、善女人,闻此般若波罗蜜一经于耳,我为增长佛法故,守护彼人,面百由旬不令非人得其便也。是善男子、善女人,究竟当得阿耨多罗三藐三菩提。我当日日往到其所而设供养。

尔时佛告释提桓因:如是,如是,憍尸迦,当知彼善男子、善女人,具足佛法,必定得至阿耨多罗三藐三菩提。

尔时文殊师利白佛言:唯愿世尊,以威神力持此般若波罗蜜,久住于世,为欲饶益诸众生故。

文殊师利说此语时,以佛神力,大地六种震动。尔时世尊,即便微笑,放大光明,遍照三千大千世界,以威神力,持此般若波罗蜜,令久住世。

尔时文殊师利复白佛言:世尊,放此光明,是持般若波罗蜜相?

佛告文殊师利:如是,如是,文殊师利,我放此光明,是持般若波罗蜜相。文殊师利,汝今当知,我已持此般若波罗蜜久住于世。若有人不轻毁此法,不说其过,当知是人已为此深般若波罗蜜印之所印。是故,文殊师利,我于久远安住此印,若人已为此印所印,当知是人不为魔王之所得便。

佛告帝释：汝当受持读诵此经，广宣流布，使未来世诸善男子、善女人，得此法印。

复告阿难：汝亦受持读诵，广为人说。

时天帝释及长老阿难白佛言：世尊，当何名此经？我等云何奉持？

佛言：此经名《文殊师利所说》，亦名《般若波罗蜜》，如是受持。善男子、善女人，于恒沙劫，以无价宝珠布施恒河沙等众生，众生受已悉发道心，是时施主随其所宜示教利喜，令得须陀洹果至阿罗汉果。是人所得功德宁为多不？

阿难白佛言：甚多，世尊。

佛言：善男子，若人起一念心，信此般若波罗蜜经，不诽谤者，比前功德，出过百倍千倍百千万亿倍，乃至算数譬喻所不能知，何况具足受持读诵为人解说。是人所得功德无量无边，诸佛如来说不能尽。何以故？能生一切诸佛萨婆若故。若虚空有尽，则此经功德尽，若法性有尽，则此经功德尽。是故，文殊师利，善男子、善女人，应勤行精进守护此经。此经能灭生死一切怖畏，能摧天魔所立胜幢，能将菩萨到涅槃果，示教训导离于二乘。

尔时帝释、长老阿难俱白佛言：世尊，如是，如是，诚如佛言，我等当顶戴受持，广宣流布。唯愿如来不以为虑。

如是三白言：愿不为虑，我等当顶戴受持。

佛说此经竟，文殊师利等诸菩萨摩诃萨，舍利弗等比丘、比丘尼、优婆塞、优婆夷，天、龙、夜叉、乾闼婆、阿修罗、迦楼罗、紧那罗、摩睺罗伽、人非人等，一切大众，闻佛所说，皆大欢喜，信受奉持。

【疏】帝释天赞叹佛说，是对般若波罗蜜多能生信，故对此深法作护持。

文殊请佛护持，是因为佛对其深教法有危机感，这危机感强烈地表现在《法灭尽经》及《大涅槃经》中，文殊当然亦有此危机感，是故请佛护持。

　　佛护持已,说言:"护持此法令住世间,使诸天魔不能得便,诸恶人辈不能谤毁,一切外道深心怖畏。若有精勤学此法者,一切障难无不殄灭。"其实这亦等于说,对此甚深法门,有天魔破坏,有恶人谤毁,为外道怖畏,此即危机之所在,希望读者于此三思,能依不二来悟入深般若。

《文殊师利所说不思议佛境界经》密意

文殊师利所说不思议佛境界经

梵名：*Ārya-acintya-buddhaviṣaya-nirdeśa-nāma-mahāyāna-sūtra*

藏名：*'Phags pa sangs rgyas kyi yul bsam gyis mi khyab pa bstan pa zhes bya ba theg pa chen po'i mdo*

汉名：圣〔文殊师利〕所说不思议佛境界大乘经

引　言

《圣文殊师利所说不思议佛境界大乘经》汉译有两种：

1.《文殊师利所说不思议佛境界经》一卷，唐代菩提流志译（以下简称《佛境界》）。

2.《大宝积经》第三十五会《善德天子会》一卷，唐代菩提流志译（以下简称《善德》）。

比对两译，内容颇有差异，以前者为详。两译译者都题名为唐代的菩提流志（Bodhiruci，562—727年），然而比较两译则差异颇大，有名言的不同，有文字的不同，甚至连人名亦有不同，兹举例如下：

1. 名言不同的例。如《佛境界》云：

> 诸佛境界有去来乎。
>
> 文殊师利菩萨言：不也，世尊，诸佛境界无来无去。

这句经文在《善德》则作：

> 佛言：文殊师利，佛境界有增减耶。
>
> 曰：无增减也。

前者用的名言是"去来"，后者则用"增减"。若出于同一译师之手，似不合理，除非是以不同的梵文原本用作翻译。

2. 文字不同的例。如《佛境界》云：

> 佛言：童子，空岂是有法而言于中有贪瞋痴。
>
> 文殊师利菩萨言：贪瞋痴亦是有。

这句经文在《善德》则作：

> 佛言：文殊，彼性空中，云何复有贪瞋痴耶。

文殊师利言：于彼有中，有性空处，有贪瞋痴。

比较二者，《佛境界》中此两句，文殊答得简明直接。佛问：空是不是有法？意思是，唯有"有法"才能显现为贪瞋痴相。文殊并未回答这个问题，只说贪瞋痴亦是有法。意思是，贪瞋痴本身已经是"有法"，所以没有佛问的问题。于《善德》中，佛等如是问同样的问题，文殊则回答说：于"有"中有性空，所以贪瞋痴虽是有法，亦可性空而有。二者文义差别，足证所据梵本不同。

3. 人名不同的例。如本经问法者，《佛境界》作"胜德天子"，《善德》则作"善德天子"。同名异译，此或与笔受者有关。

菩提流志是《大宝积经》的编者，全经收入四十九会，亦即四十九种经文，其中有二十三种为旧译，菩提流志补译二十六种，所以《大宝积经》可以说是新旧译的合编本。

值得注意的是，菩提流志译出的二十六种经，只有十一种是新译，其余十五种实为重译。可以这样理解，菩提流志对于十五种旧译不满意，所以便自行重译，例如他对北凉昙无谶的《大方广三戒经》，即重译为《三律仪会》，事实上他的重译，亦的确比昙无谶的翻译为佳。

在这种情形下，《佛境界》的翻译实较《善德》为详，那就不能说菩提流志对《佛境界》的翻译不满意，是故加以重译，只能说菩提流志译《善德》在先，且编入《大宝积经》中，编成之后得到新的梵本，于是加以重译，这时就不能将之编入《大宝积经》，于是即以异译的面目传世。

由这个情形，说明梵本传入汉土时有异本，广略不同，甚至名相与文义都不尽相同。倘若只依言说来理解经文，便可能有所错失。

本经经题，宜依梵本题为《文殊师利所说不思议佛境界经》。经题的表义很简单，只是文殊师利依不二法门来说佛境界。所谓佛境界，即是佛内自证智境界，亦即如来法身境界。

对于佛内自证智境界本无可说，因为不可思议。所以文殊所说，实在是本无可说而说,其所说,即依智识双运的境界而说。

智境不成显现,所以不能由色、声、香、味、触、法来见如来法身。然而,智境上有识境随缘自显现,由识境显现即可见其如幻,且由识境亦可见如来法身功德,所以智境便唯藉识境而成显现,或可说为,唯藉如来法身功德而成显现。

于如是说佛境界后,经中说文殊在兜率陀天上为诸天说法。说法分两部分,先说不放逸行,再说菩萨道,这便是识境中人如何能由观修而成现证智识双运。若以说佛境界为见地,这部分说的,便是依见地而作修持与行持。说不放逸行甚为详细,说菩萨道则较为简略,足见本经是为资粮道与加行道行人而说。

因此经中说不思议佛境界时,便依见与修而有两重密意。一者,不能由识境来窥测智境,然而却可以由识境观修,由是悟入智境;二者,智境对识境来说,虽然不可思议,但智境却有功德,能令识境生起。通过说佛境界,便可以成立智境与识境双运的境界,这亦可以说为佛内自证根本智与后得智双运的境界。

前　分

【不思议佛境界经】

如是我闻。一时,佛在舍卫国祇树给孤独园,与大比丘众一千人、菩萨十千人俱,复有欲界诸天子、色界诸天子及净居天子,并其眷属无量百千周匝围绕,供养恭敬听佛说法。尔时佛告文殊师利菩萨言:童子,汝有辩才,善能开演,汝今应为菩萨大众宣扬妙法。

时文殊师利菩萨白佛言:世尊,佛今令我说何等法?

佛言:童子,汝今应说诸佛境界。

【善德天子会】

如是我闻。一时,佛在舍卫国祇树给孤独园,与大比丘众一千人俱、菩萨摩诃萨十千人,并欲色界诸天子等,是时文殊师利菩萨摩诃萨,与善德天子俱在会中。

尔时,世尊告文殊师利:汝当为此诸天大众及诸菩萨,演说诸佛甚深境界。

【释义】

前分所说,为文殊师利菩萨演说本经因缘。

本会会众,除大比丘与大菩萨外,并有欲界、色界诸天天子,未说有无色界天子参与,是即本经说佛境界为针对欲界、色界而说。复次,欲界诸天有情欲及色(物质),色界诸天虽无情欲但有物质,可见本经主旨即是针对物质世间来说离物质的佛境界。

《佛境界》中特别强调有净居天子与会,净居天为色界第四禅天,计有无烦天、无热天、善现天、善见天、色究竟天五天,此中圣者其心清净,亦即虽有物质,但其心识却不落于物质的局限,无有由物质设立的名言与句义,是故清净。心既清净,所居的世间便亦清净,是故称为净居。

本会说有净居天子参与,其密意便是:虽有外色境与内识境,但若欲知佛境界时,必须不执著外色,由不执著外色,内识便成无执著而得清净,这即是见诸佛境界的基本心态,是为必需。

【不思议佛境界经】

文殊师利菩萨言:世尊,佛境界者,非眼境界、非色境界、非耳境界、非声境界、非鼻境界、非香境界、非舌境界、非味境界、非身境界、非触境界、非意境界、非法境界,无如是等差别境界,是乃名为诸佛境界。世尊,善男子善女人,有欲入于佛境界者,以无所入而为方便乃能悟入。

尔时,文殊师利菩萨白佛言:世尊,如来于何等境界而得菩提?

佛言:童子,我于空境界得菩提,诸见平等故;无相境界得菩提,诸相平等故;无愿境界得菩提,三界平等故;无作境界得菩提,诸行平等故;童子,我于无生无起无为境界得菩提,一切有为平等故。

时文殊师利菩萨复白佛言:世尊,无为者是何境界?

佛言:童子,无为者非思量境界。

文殊师利菩萨言:世尊,非思量境界者是佛境界。何以故,非思量境界中无有文字、无文字故,无所辩说、无所辩说故,绝诸言论、绝诸言论者,是佛境界也。

【善德天子会】

文殊师利白佛言:唯然世尊,若善男子善女人,欲知佛境界者,当知非眼耳鼻舌身意境界、非色声香味触法境界。世尊,非境界是佛境界。

以是义故,如佛所得阿耨多罗三藐三菩提,为何境界耶?

佛言:空境界,诸见平等故;无相境界,一切相平等故;无愿境界,三界平等故;无作境界,有作平等故;无为境界,有为平等故。

文殊师利言:世尊,何等是无为境界?

佛言:无念是无为境界。

文殊师利言:世尊,若无为等是佛境界,为无念者,依何而说,无所依故,则无所说,无所说故,则不可说。世尊,诸佛境界不可说也。

【释义】

本处经文第一段,说佛境界。

文殊说诸佛境界非六根、六尘境界。此中与意境界相应的法境界特别重要,所谓法境界即是由意所生的一切心行相,包括抽象的名言与句义,是即一切由意识主导的概念。佛境界非法境界,便即是离一切由意识主导的心理状态。

由此可知,能离名言与句义而觉受,即可说为清净,若依名言与句义而觉,即可说为污染。前者可以净居天子为例,他们的心识状态即由是清净,后者即是除净居天外的欲界、色界诸天,以至包括我们的世间,其心状态即因执著名言与句义而起觉受,是故称为污染。

于说佛境界后,复说"有欲入于佛境界者,以无所入而为方便乃能悟入"。这便亦是说须离识境才能入佛境界。若以为有所入,那只是识境的心理状态;若无所入,便即是不落于入的名言句义,是即为入佛境界的善巧方便。

本处经文第二段,说文殊问佛现证无上正等正觉(阿耨多罗三藐三菩提,Anuttara-samyaksaṃbodhi)是何境界。佛答,由平等故可说为:空境界、无相境界、无愿境界、无作境界、无生境界、无起境界、无为境界。这即是强调佛所证为清净大平等性。譬如净居天子已得清净,何以不能成佛,即是由于未证大平等性。这大平等性周遍一切界,识境中种种心态若能转为平等(平等性显露),是即可证诸佛境界。

经中说:由诸见平等即能于空境界得菩提。这即是由诸见平等而知本性自性空。以荧光屏为喻,荧光屏上一切影像的自性都必然是荧光屏性,这荧光屏性便是影像的本性,所以一切影像必以本性为自性,此即称为本性自性空。而且无论轮回、涅槃一切法,凡说为"法",则都是本性自性空。这样来施设空性,即可涵盖一切建立空性的见地,由是说诸见平等而成正觉。

经中说:由诸相平等即能于无相境界得菩提。这即是由一切现象平等而见无相。心识认知现象不能平等,常作校量,此是善(对我有利)、此是不善(对我有害);此是美(为我所爱)、此是丑(为我所不爱),如是等等,对诸相即不能平等,能得平等,才能知诸相非相,因为所谓相,无非只是不平等的心理状态对现象的认知,并由认知而生执著,从而建立其为有。由是认知诸相平等,即能解除执著,了知无相而成正觉。

经中说:由三界平等即能于无愿境界得菩提。这即是由一切识境世间平等而见无愿。以人为例,除佛教外一切宗教皆向往生天,这便是建立人与天的不平等。佛家平等看一切识境世间,既不追求生天,即使证入八地以上,仍不追求常住法身境界,甚至可以再来世间行大悲事业,所以不愿求成佛、不畏惧轮回,是即无愿。由是认知三界平等,即能舍离不平等见,了知无愿而成正觉。

经中说:由诸行平等即能于无作境界得菩提。这即是由平等观察而见无作。识境中人,由识觉来观察一切见与不见的事物,由此而成造作。例如现在西方世界的科学家,想造作"上帝粒子",这便是由识觉而成的谬误。他们误认必然有一种最原始的粒子,于是用物理方式来决定这种粒子,殊不知物理方式的决定依然是识觉的决定,凡可由识觉决定的物质,必然不能称为"上帝",除非将"上帝"定义为落于识境的生态,但当这样定义时,便依然逃不开"上帝为谁所造"的质问。这便是由见诸行不平等而有所作。若见诸行平等,即知无作而成正觉。

经中说:由一切有为平等知无生、无起、无为境界得菩提。这即是由平等对待因果而见无生等。所谓有为法,即是落于因果的现象或思维。在识境中必然有因果,识境中人须了知因果的法则。但是,我们却不能平等地对待因果,例如认为可以赎罪、可以转嫁,同时由自我出发来认识善恶,由是便将生灭现象落入名言与句义来解释,这样,便因为对落于因果的有为法起分别,由是不认识外境的无生、内识的无起,当然便更不能认识离因果的无为境界。若见一切有为法平等,即能离人我、法我而知无为,由是而成正觉。

本处经文第三段,问无为境界。因为佛境界无为。

在这里,不依法异门说离因缘为无为,只说非思量境界即是无为境界,那便是要离开识境的理则,因为凡有思量,便必有逻辑,即使愚人亦有他自己的逻辑,是即为识境的名言句义,是故无为即非思量境界,由非思量,即可说为离言说。

对于佛典,亦须离言而知其密意,在这里,可以将密意看成是佛的境界,亦即如来法身。

综合三段经文而言,本处经文成立佛境界,并依此而说如何现证佛境界,以及如何入佛境界。三段经文连贯,读者于此即知智境与识境的区别,同时知道何谓出离。

【不思议佛境界经】

尔时,世尊问文殊师利菩萨言:童子,诸佛境界当于何求?

文殊师利菩萨言:世尊,诸佛境界,当于一切众生烦恼中求。所以者何,若正了知众生烦恼,即是诸佛境界故。此正了知众生烦恼,是佛境界,非是一切声闻辟支佛所行之处。

尔时,世尊复语文殊师利菩萨言:童子,若佛境界即于一切众生烦恼中求者,诸佛境界有去来乎?

文殊师利菩萨言:不也,世尊,诸佛境界无来无去。

佛言:童子,若诸佛境界无来无去者,云何而言,若正了知众生烦

恼,即是诸佛境界耶?

文殊师利菩萨言:世尊,如诸佛境界无来无去,诸烦恼自性亦复如是无来无去。

佛言:童子,何者是诸烦恼自性?

文殊师利菩萨言:世尊,佛境界自性,即是诸烦恼自性。世尊,若佛境界自性异诸烦恼自性者,如来则非平等正觉,以不异故,于一切法平等正觉说名如来。

【善德天子会】

佛言:文殊师利,佛境界当于何求?

曰:于一切众生烦恼中求。何以故,众生烦恼性不可得,非声闻缘觉之所能知,是则名为诸佛境界。

佛言:文殊师利,佛境界有增减耶?

曰:无增减也。

佛言:云何了知一切众生烦恼本性?

曰:如佛境界无有增减,烦恼本性亦无增减。

佛言:云何名为烦恼本性?

曰:烦恼本性是佛界本性。世尊,若烦恼性异佛境界,则不说佛住一切法平等性中,以烦恼性即佛界性故,说如来住平等性。

【释义】

本处经文实承接上文而言。上文说到出离识境,因此便恐怕学人误认须离识境而作观修,或误认学佛的人须舍弃识境世间。倘若有这些误认,那便只是对空性的歪曲,对佛境界的歪曲。

由是文殊说:"诸佛境界,当于一切众生烦恼中求。"是即不背弃世间而成出离。因为出离的只是对识境名言句义的执著,并非出离世间现实存在的一切法。换言之,世间有一切法的显现,对众生来说并非束缚,众生只是将一切法的显现建立为名言句义,由是自缚,是故须出离。所以经文说:"若正了知众生烦恼,即是诸佛境界故。此正了知众生烦恼,是佛境界。"何谓"正了知",是即离名言与句义而知,这恰恰便是出离。

因为说到出离,因此佛便问文殊,诸佛境界是否有来去(《善德》作是否有增减)。所问来去、增减,都是问是否须有来去、增减,才能出离识境而入智境(佛境界),此如去识境而来智境;减识境而增智境。文殊对此当然否定,因为诸佛境界自性与烦恼自性平等。由是说"佛境界自性,即是烦恼自性"。此处《善德》作"烦恼本性是佛界本性",更佳。因为前面已经说过,轮回涅槃一切法都以本性为自性。

以此之故,经言:"于一切法平等正觉说名如来。"这即是为"如来"作一定义,强调大平等性,周遍一切法平等,在此平等性中成正觉,即可名为如来。

【不思议佛境界经】

尔时,世尊复语文殊师利菩萨言:童子,汝能了知如来所住平等法不?

文殊师利菩萨言:世尊,我已了知。

佛言:童子,何者是如来所住平等法?

文殊师利菩萨言:世尊,一切凡夫起贪瞋痴处,是如来所住平等法。

佛言:童子,云何一切凡夫起贪瞋痴处,是如来所住平等法?

文殊师利菩萨言:世尊,一切凡夫于空、无相、无愿法中起贪瞋痴,是故一切凡夫起贪瞋痴处,即是如来所住平等法。

佛言:童子,空岂是有法而言于中有贪瞋痴?

文殊师利菩萨言:贪瞋痴亦是有。

佛言:童子,空云何有,贪瞋痴复云何有?

文殊师利菩萨言:世尊,空以言说故有,贪瞋痴,亦以言说故有。如佛说比丘,有无生、无起、无作、无为,非诸行法。此无生、无起、无作、无为,非诸行法,非不有。若不有者,则于生起作为诸行之法应无出离,以有,故言出离耳。此亦如是。若无有空,则于贪瞋痴无有出离,以有空故,说离贪等诸烦恼耳。

佛言:童子,如是如是,如汝所说。贪瞋痴等一切烦恼,莫不皆住于空之中。

文殊师利菩萨复白佛言:世尊,若修行者离贪瞋等而求于空,当知是人未善修行,不得名为修行者。何以故,贪瞋痴等一切烦恼即空故。

【善德天子会】

又问:汝见如来住何平等?

曰:如我所解,众生现行贪瞋痴者,所住平等为如来住。

佛言:众生现行三毒烦恼,住何平等?

答曰:住空、无相、无愿平等性中。

佛言:文殊,彼性空中,云何复有贪瞋痴耶?

文殊师利言:于彼有中,有性空处,有贪瞋痴。

佛言:于何有中说有性空?

曰:于文字语言中,说有性空。有性空故,有贪瞋痴,如佛所说诸比丘,有无生、无为、无作、无起,若无生、无为、无作、无起不有者,亦不可说有生、有为、有作、有起。是故比丘,以有无生及无所起,由此得说有生、有起。如是世尊,若无性空、无相、无愿,则不可说贪瞋痴等一切诸见。

佛言:文殊师利,以是义故,如汝所说,住烦恼者,是住性空。

文殊师利言:世尊,若观行者,离于烦恼而求性空,则不相应,云何别有性空异于烦恼,若观烦恼即是性空,为正修行。

【释义】

承上文的大平等性义,是故佛问文殊,是否了知佛所住平等法。由此一问,便说到智境与识境平等,所以文殊说"一切凡夫起贪瞋痴处,是如来所住平等法"。这即是说凡夫起贪瞋痴处亦与如来法身平等。听起来,这说法似不合理,贪瞋痴是凡夫的污染,如来法身清净,二者如何能平等。然而,这正是不二法门的要义,如来藏的要义。若不净与清净不平等,如何能说为"不二";若识境与智境不平等,如何能说为双运。

虽然如此,但对于不净与清净平等之理亦须一说。所以文殊说言:"一切凡夫于空、无相、无愿法中起贪瞋痴,是故一切凡夫起贪瞋痴处,即是如来所住平等法。"这即是说,凡夫起贪瞋痴处,实在智境上而起,空、无相、无愿法等即是智境(智本唯一,但于言说则可说为多,此由异门而说)。若用荧光屏的例来作比喻,贪瞋痴有如荧光屏上的影像,空、无相、无愿法有如荧光屏,影像住于荧光屏上,所以便可以说:影像于荧光屏上起贪瞋痴,是故起贪瞋痴处,即是荧光屏处,由是影像与荧光屏平等,如是即可说为不二,亦可说为如来藏的智识双运境界。

接着经文由空性来解释平等。

先提出一个问题:"空岂是有法而言于中有贪瞋痴。"这问题的假设是,既说是"空",便不是"有法",因此在空中何以会有贪瞋痴等有法。

文殊答言:"于彼有中,有性空处,有贪瞋痴。"(依《善德》)那即是说,在一切有法中,即有性空处,当然亦有贪瞋痴处(于影像中,有荧光屏,当然亦有影像)。

由是便引出第二个问题:"空云何有、贪瞋痴复云何有。"那便等于问,佛内自证智境云何而有、凡夫的心识境界云何而有。必须要理解这个问题,才能说明文殊上来所答("于彼有中,有性空处,有贪瞋痴")。

文殊答言:"空以言说故有,贪瞋痴,亦以言说故有。"佛内自证智的境界不能见,不可思议,然而为了言说,只能说之为"空";凡夫的心识境界,可见可思议,是故凡夫即说此为有,然而,说之为"有"亦是言说而已,实在是由言说而成有,因其实相只是影像,只能说为如梦如幻。由"言说故有",即可说空与贪瞋痴平等。

由第二个问题,又可以引出第三个问题,是即如何将涅槃界的无为法说之为有。这个问题佛虽不问,但文殊已说。说为无生、无起、无作、

116

无为虽然是涅槃界的无为法,但却不能说是"不有"。

文殊的说法依《善德》较易理解。若无生、无起、无作、无为不有,则不能施设有生、有起、有作、有为。现在于识境中分明具足有有生、有起、有作、有为,所以在识境中便不能否定其相对法的有,因为识境中一切诸法必是相依、相对而建立。是故一切无为法,皆可依识境的有为法,由相对而建立为有。

这样的建立,虽然说是施设,但这施设在识境中却绝对真实,这正是不二法门与如来藏的要点,于智境与识境不二时,或说于智境与识境双运时,二者都须看成是真实,倘若否定一边,那便不能说为不二,只得一边亦不成双运。

由是便表示出本经重要的密意,无论是涅槃法或轮回法、无为法或有为法,可以说之为空,但亦可由言说而说之为有。若有为法不建立为有,则不能说出离有为法,岂能出离"不有",正因此境界为有,才能说出离这个境界。因此无为法亦必须相应施设为有。然而若依空而言,有为法及无为法亦必须施设为空。经言:"若无有空,则于贪瞋痴无有出离,以有空故,说离贪等诸烦恼耳。"这样一来,我们便不能否定言说,更不能否定由言说所作的施设,正因不作否定,才能成出离而得证觉。

依上面所说,即知不二法门的重要。一般学佛的人,一听见是言说,是假施设,便从心理上起否定,认为要将这些假施设由空性来作否定,才是学人之所应为。殊不知当这样造作时,实在已经否定修道,自己亦实在是只依言说来作推理,如是便连资粮亦不可得,而且有落于唯空的危险。

如是得出结论。佛说:"住烦恼者,是住性空";文殊说:"若修行者离贪瞋等而求于空,当知是人未善修行,不得名为修行者"。经论所说二句,即是不二法门的要义。若落言说则可说为,住烦恼与住性空平等,如是修行。

【不思议佛境界经】

尔时,世尊复语文殊师利菩萨言:童子,汝于贪瞋痴为已出离为未离乎?

文殊师利菩萨言:世尊,贪瞋痴性即是平等,我常住于如是平等,是故我于贪瞋痴,非已出离亦非未离。

世尊,若有沙门婆罗门,自见离贪瞋痴,见他有贪瞋痴,即是二见。何谓二见,谓断见常见。所以者何,若见自身离贪瞋痴即是断见,若见他身有贪瞋痴即是常见。世尊,如是之人非为正住。夫正住者,不应于己见胜谓他为劣故。

【善德天子会】

佛言:文殊师利,汝住烦恼离烦恼耶?

文殊师利言:所有烦恼悉皆平等,如是平等,我正修行入此平等,则不离烦恼不住烦恼。若沙门婆罗门,自谓离欲见他烦恼,彼随二见。云何二见,谓有烦恼名为常见,谓无烦恼名为断见。世尊,正修行者,不见自他有无之相。何以故,明了一切法故。

【释义】

佛问文殊:"汝住烦恼离烦恼耶?"(《善德》较佳)这是承接上面所说密意而问,若说不二,则应住烦恼、离烦恼不二。

文殊师利即依不二而答:"我于贪瞋痴,非已出离亦非未离。"若非如是,即非不二;若非不二,即落常见、断见,所以文殊说,若有沙门、婆罗门,见自己离贪瞋痴,即是断见;见他人未离贪瞋痴,即是常见。此以常断为例,对于生灭、一异、来去,亦须如是不落二见而得正住(正修行)。

【不思议佛境界经】

尔时,世尊复语文殊师利菩萨言:童子,若如是者,住于何所名为正住?

文殊师利菩萨言:世尊,夫正住者无有所住,住无所住,是乃名为正住之耳。

佛言童子：岂不以住于正道为正住耶？

文殊师利菩萨言：世尊，若住正道则住有为，若住有为则不住于平等法性。何以故，有为法有生灭故。

【善德天子会】

佛言：文殊师利，依何正修行？

曰：正修行者为无所依。

佛言：不依于道而修行耶？

曰：若有所依而修行者，则是有为，若行有为则非平等。所以者何，不离生住坏故。

【释义】

此处经文依不二法门而问正修行（正住）。

若依不二，则须无所住而住，无所依而修行，才能说之为"正"，因为有依有住，必落识境，世间有情亦唯有依识境而住。学人每每依宗义而住，依言说而住，自以为善，而且舍离不善，是即不知大平等性，由是终身唯落于识境，求识境之善，这样其实是违反了佛的密意，失清净大平等性。正因学人容易犯这种毛病，所以佛才在《大涅槃经》说四依。

【不思议佛境界经】

尔时，世尊复语文殊师利菩萨言：童子，无为是数法不？

文殊师利菩萨言：世尊，无为者非是数法。世尊，若无为法堕于数者，则是有为非无为也。

佛言：童子，一切圣人得无为法不有数耶？

文殊师利菩萨言：世尊，非诸圣人证于数法，已得出离诸数法故。

【善德天子会】

佛言：文殊师利，无为中颇有数耶？

文殊师利言：世尊，若无为有数即是有为，非谓无为。

佛言：若圣者得证无为，则有此法，宁无数耶？

曰：法无数故，圣远离数，为无数也。

【释义】

佛问文殊，无为是不是"数法"。所谓数法，即是依识境知识而建立的法，非自然而然的法。所以文殊答言，无为不能称为数法。因为无为这个名言虽然依识境言说而建立，但无为其实只是一个佛内自证智的境界，自然而有，法尔而有，名言落于数法，无为境界则不落数法。所以说："非诸圣人证于数法，已得出离诸数法故。"

【不思议佛境界经】

尔时，世尊复语文殊师利菩萨言：童子，汝为成就圣法，为成就非圣法？

文殊师利菩萨言：世尊，我不成就圣法，亦不成就非圣法。世尊，如有化人，为成就圣法，为成就非圣法？

佛言：童子，化人不可言成就圣法，亦不可言成就非圣法。

文殊师利菩萨言：世尊，佛岂不说一切诸法皆如幻化？

佛言：如是。

文殊师利菩萨言：世尊，一切诸法如幻化相，我亦如是，云何可言成就圣法成就非圣法？

【善德天子会】

佛言：文殊汝证圣法为不证耶？

文殊师利言：世尊，若问化人，汝证圣法为不证者，彼云何答？

佛言：文殊，夫化人者，则不可说有证非证。

文殊师利言：佛岂不说一切诸法皆如化耶？

佛言：如是如是。

曰：若一切法皆如化者，云何问言，汝证圣法为不证也？

【释义】

为了澄清"非诸圣人证于数法,已得出离诸数法故"这说法,所以佛才会问,这样,到底是成就圣法,抑或是成就非圣法。

文殊以一切法如幻作答,既然识境中一切法有如幻法,因此说为圣法、说为非圣法,都是如幻。既然如幻,即应于如幻中平等,因此不能说成就圣法、成就非圣法。

【不思议佛境界经】

尔时,世尊复语文殊师利菩萨言:童子,若如是者,汝何所得?

文殊师利菩萨言:世尊,我得如来平等无自性境界。

佛言:童子,汝得佛境界耶?

文殊师利菩萨言:若世尊于佛境界有所得者,我亦得于诸佛境界。

时长老须菩提,问文殊师利菩萨言:大士,如来不得佛境界耶?

文殊师利菩萨言:大德,汝为得声闻境界不?

须菩提言:大士,圣心解脱无有境界,是故我今无境界可得。

文殊师利菩萨言:大德,佛亦如是,其心解脱无有境界,云何而谓有所得乎?

【善德天子会】

佛言:文殊,汝于三乘证何平等?

曰:佛界平等,我如是证。

佛言:汝得佛境界耶?

曰:若世尊得者我亦当得。

尔时,尊者须菩提,语文殊师利言:如来不得佛境界耶?

文殊师利言:汝于声闻境界有所得耶?

须菩提言:圣者解脱非得非不得。

曰:如是如是,如来解脱亦非有境界,非无境界。

若无成就圣法、非圣法的分别,是则学人到底是有所得,抑或是无所得。若依言说,便只能说是"我得如来平等无自性境界"。这即是说,若得无自性境界,既不能说是无所得,亦不能说是有所得;若得平等境界,则不能分别有所得与无所得。

佛更追问:"汝得佛境界耶?"文殊答言:"若世尊于佛境界有所得者,我亦得于诸佛境界。"这即是说,自己所得的是平等无自性境界。文殊这样答,并非骄慢,因为一切众生本来即自然而然具足这种境界,这才能说为不二法门。

须菩提以为文殊骄慢,所以问他:"如来不得佛境界耶?"当文殊反问他:"汝为得声闻境界不?"须菩提答:"圣心解脱无有境界,是故我今无境界可得。"这样一反问,便证成"佛亦如是,其心解脱无有境界"。

这种答问方式称为反诘,佛亦常用反诘来回答问题。希腊大哲学家苏格拉底(Socrates,公元前469—前399年)的讲学方式,即由反诘而说,可能受到佛家的影响,因为当时西域已有佛法传播,而且成为主流,苏格拉底不可能不受到影响。

【不思议佛境界经】

须菩提言:大士,汝今说法,可不将护初学心耶?

文殊师利菩萨言:大德,我今问汝,随汝意答。如有良医欲治人病,为将护病人心故,不与辛酸醎苦应病之药,能令其人病得除差至安乐不?

答言:不也。

文殊师利菩萨言:大德,此亦如是,若说法师为将护初学心故,隐甚深法而不为说,随其意欲演麤浅义,能令学者出生死苦至涅槃乐,无有是处。

说是法时,众中有五百比丘僧,诸漏永尽心得解脱,八百诸天子,远尘离垢得法眼净,复有七百诸天子,闻其辩才深生信乐,皆发阿耨多罗三藐三菩提心。

【善德天子会】

须菩提言:文殊师利,汝不将护新发意菩萨,而演说法。

文殊师利言:须菩提,于意云何。若有医人将护病者,不与辛酸苦涩等药,而彼医人于彼病者,为与其差为与死耶?

须菩提言:是与死苦,非施安乐。

文殊师利言:其说法者亦复如是,若将护于他,恐生惊怖,隐覆如是甚深之义,但以杂句绮饰文辞,而为演说,则授众生老病死苦,不与无病安乐涅槃。

说此法时,五百比丘,不受诸法漏尽意解,八千天人远尘离垢,于诸法中得法眼净,七百天子,发阿耨多罗三藐三菩提心,作是愿言:我等于未来世,当如文殊师利得是辩才。

【释义】

须菩提认为文殊所说法义甚深,非初学所能理解,因此说他不将护初学心。文殊以药与病为例,若欲治病,医者须予以"辛酸醶苦应病之药"令病得除,是故法师不应隐秘甚深法。这样说,即是欲令初学亦能知不二法门。

文殊说法的功德,令学人诸漏永尽、远离尘垢、深生信乐,即赞叹不二法门为一切功德,非有余不尽的功德①。

【不思议佛境界经】

尔时,须菩提复白文殊师利菩萨言:大士,汝颇亦于声闻乘而生信

---

① 关于功德,请参考谈锡永:《〈胜鬘狮子吼经〉密意》,复旦大学出版社 2015 年 6 月出版。

解，又以此乘法度众生不？

文殊师利菩萨言：大德，我于一切乘皆生信解。大德，我信解声闻乘，亦信解辟支佛乘，亦信解三藐三佛陀乘。

须菩提言：大士，汝为是声闻、为是辟支佛、为是三藐三佛陀耶？

文殊师利菩萨言：大德，我虽是声闻，然不从他闻；虽是辟支佛，而不舍大悲及无所畏；虽已成正等觉，而于一切所应作事未尝休息。

须菩提又问言：大士，汝云何是声闻？

答曰：我恒为一切众生说未闻法，是故我为声闻。

又问言：汝云何是辟支佛？

答曰：我能了知一切诸法皆从缘起，是故我为辟支佛。

又问言：汝云何是三藐三佛陀？

答曰：我常恒觉一切诸法体相平等，是故我为三藐三佛陀。

【善德天子会】

尔时，长老须菩提语文殊师利言：汝岂不以声闻乘法为声闻说耶？

曰：一切乘法是我所乘。

须菩提言：汝为是声闻、为辟支佛、为应正等觉耶？

曰：我为声闻，不因他声而生解故；我为辟支佛，不舍大悲无所畏故；我为应正等觉不舍本愿故。

须菩提言：汝云何作声闻？

曰：彼诸众生未曾闻法，令得闻故我为声闻。

又问：汝云何为辟支佛？

曰：众生法界令信令觉，是故说我为辟支佛。

又问：汝云何为应正等觉？

曰：一切诸法法界平等如是了知，是故我为应正等觉。

【释义】

此处以《善德》所译为优，《佛境界》文字虽多，于义反有欠缺。

依《善德》，须菩提问文殊："汝岂不以声闻法为声闻说耶？"依此问，即问文殊,是不是应该用声闻法来教授声闻。这问题是承接上文而问,因为在上文中,文殊提到可以用隐秘甚深法来教导初学,须菩提因此便提到应机说法。若依《佛境界》,须菩提问文殊是否信解声闻乘,所问即与上文无关。

文殊答须菩提,自己所说的法是一切乘法,此即由三乘归于一乘而答,如是始为不二法门的究竟见。

须菩提依然以二乘及一佛乘作问,那便是小乘行人普遍的观点,认为二乘是释迦所说,因此不必归入一佛乘。于是文殊即由一乘见地作答:令诸众生得闻未曾闻法,是为声闻;令众生于法界得信得觉,是为缘觉(辟支佛);令众生对一切诸法法界如是了知平等,是为应正等觉(佛乘)。

由文殊所答,即知释迦建立法异门的理趣,此如建立声闻乘,并不限于释迦所说的声闻法,凡得闻所未闻法皆是声闻,如是始为究竟;又如建立缘觉乘,亦不限于十二缘起法,须由缘起觉知法界。因为法界不成显现,由缘起才能知道一切世间实依法界而成立。因此建立二乘并非可以代替一佛乘,应以二乘为方便,以一佛乘为究竟。

【不思议佛境界经】

尔时须菩提又问言:大士,汝决定住于何地,为住声闻地、为住辟支佛地、为住佛地耶?

文殊师利菩萨言:大德,汝应知我决定住于一切诸地。

须菩提言:大士,汝可亦决定住凡夫地耶?

答曰:如是,何以故,一切诸法及以众生,其性即是决定正位,我常住此正位,是故我言决定住于凡夫地也。

须菩提又问言:若一切法及众生,即是决定正位者,云何建立诸地差别,而言此是凡夫地、此是声闻地、此是辟支佛地、此是佛地耶?

文殊师利菩萨言:大德,譬如世间以言说故,于虚空中建立十方,所谓此是东方、此是南方,乃至此是上方、此是下方。虽虚空无差别,而诸方有如是如是种种差别。此亦如是,如来于一切决定正位中,以善方便立于诸地,所谓此是凡夫地、此是声闻地、此是辟支佛地、此是菩萨地、此是佛地,虽正位无差别,而诸地有别耳。

【善德天子会】

须菩提言:文殊师利,汝决定为住何地?

曰:住一切地。

须菩提言:汝岂亦住凡夫地耶?

文殊师利言:我亦决定住凡夫地。

须菩提言:汝何密意作是说乎?

曰:一切诸法自性平等,故说如是。

须菩提言:若一切法皆悉平等,当于何所建立诸法。此声闻地、辟支佛地、菩萨、佛地耶?

文殊师利言:譬如十方虚空界中,说言此是东方虚空,南、西、北方,四维上下,亦如是说。如是言说种种差别,非于虚空而有异也。是故仁者,依一切法毕竟空中,建立种种诸地之相,亦非空性而有差别。

【释义】

须菩提再问一佛乘。若依一佛乘法,行者决定住于何地?这样问,并非怀疑一佛乘法,只是藉提问来作澄清,所以文殊答言:住一切诸地。

那么,是否应该住凡夫地呢?

文殊居然答言"如是",即是凡夫地亦可作为决定住处。因为一切诸地都是"正位"。所谓正位,若依如来藏见,智识双运界即为正位,亦可以说,如来法身与如来法身功德双运是为正位。

《善德》于下文则说此正位为"正性离生"。所谓"正性",即以本性为自性,自性的正性便是本性,于知本性自性时,便可悟入无生,所以说是正性离生。这亦正是如来藏智识双运的境界,一切识境的自性,其本性即是智境性,识境任运圆成,所以无生。《佛境界》译失这个意思,便不能由本段经文关联及下段经文。

又,此处若依《善德》,须菩提问及文殊:依何密意而说住凡夫地。《佛境界》则无此句,故以《善德》为长。文殊答密意之问,说密意为"一切诸法自性平等"。《佛境界》缺此句,即不能显示不二法门义理。

须菩提由是问及,于一切诸法自性平等中,如何建立诸法;如何建立声闻地、辟支佛地、菩萨地、佛地等差别。对于此问,文殊即以言说作答,一切言说皆依假施设,如东南西北上下诸方为假施设,是故声闻等地亦为假施设,依施设则各有差别,由是依言说亦各有差别,若依密意,则可说为平等无差别。

须菩提与文殊的问答,至此已说出不思议诸佛境界的密意,亦即不二法门的密意。

【不思议佛境界经】

尔时,须菩提,复白文殊师利菩萨言:大士,汝已入正位耶?

文殊师利菩萨言:大德,我虽已入,亦复非入。

须菩提言:大士,云何已入而非入乎?

文殊师利菩萨言:大德应知,此是菩萨智慧善巧。我今为汝说一譬喻,诸有智人以譬喻得解。

大德,如有射师,其艺超绝,惟有一子特钟心爱,其人复有极重怨雠,耳不欲闻眼不欲覩,或时其子出外游行,在于远处路侧而立,父遥见之,谓是其怨,执弓持箭控弦而射,箭既发已方知是子,其人巧捷疾走追箭,箭未至间还复收得。

言射师者,喻菩萨也;一子者,喻众生也;怨家者,喻烦恼也;言箭者,此则喻于圣智慧也。大德当知,菩萨摩诃萨,以般若波罗蜜观一切法,无生正位大悲善巧故,故不于实际作证,而住声闻辟支佛地,誓将化度一切众生至佛地矣。

【善德天子会】

须菩提言：文殊师利，汝已证入正性离生耶？

曰：我已证入，而亦复出。

须菩提言：云何证入而复还出？

文殊师利言：仁者当知，此是菩萨智慧方便。于正性离生，如实证入，方便而出。

须菩提，譬如有人善于射术，有一怨敌念欲害之，射师有子怜爱甚重，时彼爱子在旷野中，其父谬谓是所怨雠，放箭射之，子便大唤言，我无咎何为见害，时彼射师，有速疾力，急往子所，却取其箭。

菩萨亦复如是，为调伏声闻、辟支佛，故入正位还于彼出，不堕声闻、辟支佛地，以是义故名为佛地。

【释义】

须菩提问文殊是否已入正位（依《善德》则问是否已入正性离生）。文殊答言："我虽已入，亦复非入。"须菩提更问其究竟，文殊则答："此是菩萨智慧方便。于正性离生，如实证入，方便而出。"（《佛境界》则仅答为"智慧方便。"）这一答很重要。所谓"如实证入"，即证入不二、证入如来藏、证入智识双运境，然而于住世间时，则仍须不离识境的名言句义来生活、来处事，也可以说，必须依识境的名言施设才能在识境世间存在，这便是"方便而出"。这便是胜义、世俗菩提心双运。所以我们可以这样来理解不二法门：佛已现证如来法身（当然亦同时现证如来法身功德），由于后得智生起，是故实已现证名言世间的真实。这现证的境界，不能将如来法身与随缘自显现的识境异离，这便只能称之为平等，由平等故，建立不二。

下面释迦所说的箭师喻，即是引申这个道理。

箭师欲射怨敌，然而却实是射向其独子，欲明白这个喻，必须了知，所谓怨敌、所谓独子，二者并非实是二人，只是一个对象。当箭师心生爱意时,所爱对象便即是其独子;当箭师心生瞋意时,所瞋对象便即是其怨敌,所以箭师并非看错对象而射,只是对象依其心意而变。发箭时生瞋意,箭飞驰时则生爱意,于时便说射错。

菩萨欲以智慧除烦恼,然而灭除烦恼实在是害众生,这便是箭师喻之所喻。

一切识境世间必须依名言句义而施设,若离名言句义,则识境世间败坏,此如无有言说来沟通、无有理法来管治、无有概念来兴造生活之所需、无有赏罚、无有伦理,如是等等,人根本便不能在这样的世间生活。可是从另一方面来说,明言句义却恰恰是众生的烦恼根源,所以出离世间即须出离名言与句义。在这样的情形下,若菩萨欲以智慧除烦恼,便实在是害众生,有如箭师欲以智慧箭射怨敌,可是实在是射其独子。

由这个喻便可以说烦恼无咎,一如《善德》中所说"子便大唤言,我无咎何为见害",必须知烦恼无咎,才能依前面所说"正性离生"义而知"如实证入,方便而出"。箭师飞驰取回射出之箭,正是"方便而出"之所为。

【不思议佛境界经】

尔时,须菩提又问文殊师利菩萨言:大士,何等菩萨能行此行?

文殊师利菩萨言:大德,若菩萨示行于世而不为世法所染;现同世间不于诸法起见;虽为断一切众生烦恼勤行精进而入于法界,不见尽相;虽不住有为亦不得无为;虽处生死如游园观;本愿未满故,不求速证无上涅槃;虽深知无我而恒化众生;虽观诸法自性,犹如虚空,而勤修功德净佛国土;虽入于法界见法平等,而为庄严佛身口意业故,不舍精进。若诸菩萨,具如是行乃能行耳。

【善德天子会】

须菩提言:云何菩萨而得此地?

文殊师利言：若诸菩萨住一切地而无所住，为得此地；若一切地悉能演说，而不住于下劣之地，为得此地；若有修行，为尽一切众生烦恼，而法界无尽；虽住无为而行有为；于生死中如园观想，不求涅槃，为得此地；所有志愿悉令圆满；得无我成熟众生，为得此地；得佛智慧而不于彼无智人所生瞋恨心，为得此地；为求法者转于法轮，而于法界亦无差别。如是修行为得此地。复次若诸菩萨，摧伏魔怨而现作四魔，为得此地。

【释义】

这样，便引起一个问题。菩萨如何能离烦恼而不害众生，这即是如何能证入胜义而不坏世俗。文殊即以"菩萨示行于世而不为世法所染"等作答。

文殊所说菩萨行共说九种——

1. 示行于世而不为世法所染，即是虽住世间而不住世间的名言句义。

2. 现同世间不于诸法起见，即是于世间如实生活，而不依名言句义来见世间诸法。

3. 虽为断一切众生烦恼勤行精进而入于法界，不见尽相，即是得入法界而令烦恼尽，但同时能见法界无尽。

4. 虽不住有为亦不得无为，即是不以无为为所得，不落无为边际，由是知佛内自证智境与凡夫心识境界平等。

5. 虽处生死如游园观，即是不畏涅槃，不厌离识境。

6. 本愿未满故，不求速证无上涅槃，即是永不舍大悲事业，为世间作利益。

7. 虽深知无我而恒化众生，即是不坏众生而行化度。

8. 虽观诸法自性，犹如虚空，而勤修功德净佛国土，即是施设法界庄严而成智识双运。虚空喻如来法身，佛国土喻如来色身。

9. 虽入于法界见法平等，而为庄严佛身口意业故，不舍精进，即是不因一切诸法平等,而不尊重法界庄严。

【不思议佛境界经】

尔时,须菩提复白文殊师利菩萨言:大士,汝今说此菩萨所行,非诸世间所能信受。

文殊师利菩萨言:大德,我今为欲令诸众生永出世间,说诸菩萨了达世法出离之行。

须菩提言:大士,何者是世法,云何名出离?

文殊师利菩萨言:大德,世间法者所谓五蕴,其五者何,谓色蕴、受蕴、想蕴、行蕴、识蕴,如是诸蕴。色如聚沫、受如浮泡、想如阳焰、行如芭蕉、识如幻化,是故此中无有世间,亦无诸蕴及以如是言说名字。若得是解,心则不散,心若不散则不染世法,若不染世法即是出离世间法也。

复次大德,五蕴诸法,其性本空,性空则无二,无二则无我我所,无我我所则无所取著,无所取著者即是出离世间法也。

复次大德,五蕴法者,以因缘有,因缘有故则无有力、无力则无主、无主则无我我所、无我我所则无受取、无受取则无执竞、无执竞则无诤论、无诤论者是沙门法。沙门法者知一切法如空中响,若能了知一切诸法如空中响,即是出离世间法也。

复次大德,此五蕴法同于法界,法界者则是非界,是非界中,无眼界无色界无眼识界、无耳界无声界无耳识界、无鼻界无香界无鼻识界、无舌界无味界无舌识界、无身界无触界无身识界、无意界无法界无意识界,此中亦无地界水界火界风界虚空界识界,亦无欲界色界无色界,亦无有为界无为界、我人众生寿者等,如是一切皆无所有,定不可得。若能入是平等深义,与无所入而共相应,即是出离世间法也。

说是法时,会中比丘二百人永尽诸漏,心得解脱。各各脱身所著上衣,以奉文殊师利菩萨而作是言:若有众生得闻于此甚深妙法,应生信受。若不生信欲,求证悟终不可得。

【善德天子会】

须菩提言：文殊师利，此菩萨行一切世间甚为难信。

文殊师利言：如是如是，如汝所说，是诸菩萨行于世间超过世法。

须菩提言：文殊师利，当为说此超过世间。

文殊师利言：夫世间者名为五蕴，于此蕴中，色聚沫性、受水泡性、想阳焰性、行芭蕉性、识幻性。如是当知世间本性，聚沫阳焰、泡幻芭蕉，是中无蕴无蕴名字、无众生无众生名字、无世间超过世间。若于五蕴如是正知名为胜解，若正胜解则本来解脱，若本来解脱则不著世法，若不著世法则超过世间。

复次须菩提，五蕴本性空，若本性空则无我、我所，若无我、我所是则无二，若本无二则无取舍，无取舍故则无所著，无所著故则超过世间。

复次须菩提，是五蕴者属于因缘，若属因缘，则不属我不属众生，若不属我不属众生是则无主，无主则无取，无取则无诤，无诤论者是沙门法。如手画空无有触碍，修行如是空平等性超过世间。

复次须菩提，五蕴法界同入法界，是则无界，若是无界则无地界水火风界、无我无众生无寿命、无欲界及色无色界、无有为无为生死涅槃界，入是界已则与世间俱而无所住，若无所住则超过世间。

说此超过世间法时，二百比丘，不受诸法漏尽意解，各各脱欝多罗僧衣，以覆文殊师利，作如是言：若不于此法门生信解者，彼无所得亦无所证。

【释义】

虽住世间而不落世间的名言句义，此不为世人所能理解，所以须菩提便问："何者是世法，云何名出离？"文殊即依不二法门说如何出离世间（不是坏灭世间）。

首先，众生执五蕴为自我，所以文殊说无有五蕴，由是说五蕴性空，所以众生执取五蕴，实亦无所执取，是即由无我、无我所而入不二，如是即成出离。

其次,以五蕴为例,说因缘法。一切诸法都由因缘而成为有,所以只属因缘(《善德》:"不属我不属众生")。由是众生所取的因缘有,于超越因缘时,便知实无所取,无所取则无执竞,无执竞则无诤论。这即是说,众生实依名言句义来取因缘成立的有,于名言尽时,即成无诤,如是即是出离。出离一切诤论,亦即名言句义尽。

接着,说五蕴法同于法界,然而,法界实在不是识境概念中的界。识境的界有限量,落句义,此如我们的世界,便是依我们的概念而建立的有限世间,所以可以决定法界非界。由此引申,眼耳鼻舌身意等界、色声香味触法等界、地水火风空识等界,以至欲界、色界、无色界,及有为界、无为界,如是种种,依名言施设可以成界,依因缘可于识境成界,但他们实依法界而成立,若法界非界,则这些界实于识境中实亦非界,众生只是由名言句义,由因缘有,如是视之为界,由是即有"执竞",即有诤论,更由诤论而成立种种有法,若知非界(若知识境成立的因缘有,实无所有),即便出离。

以上所说,即分三个层次来说出离世间,这样便不是灭除世间,只是超越世法,由超越而令世间名言句义尽。如是便不是用箭师的箭来射怨敌,便不是败坏众生。

这是不二法门的出离世间,要义在于:不是灭除名言句义,而是由超越因缘法来令名言句义尽。亦即由超越而尽,非由灭除而尽,此即诸佛密意。

【不思议佛境界经】

尔时,长老须菩提语诸比丘言,汝何所得以何为证?

诸比丘言:大德,无得无证是沙门法。所以者何,若有所得心则动乱、若有所证则自矜负,动乱矜负堕于魔业。若有自言我得我证,当知则是增上慢人。

佛言:诸比丘,汝等审知增上慢义不?

诸比丘答言:世尊,如我意者,若有人言我能知苦,是不知苦相而言我知;我能断集、证灭、修道,是不知集、灭、道相;乃至而言我能修道,应知此是增上慢人。所以者何。苦相者即无生相,集、灭、道相,即无生相,无生相者即是非相。平等相是诸圣人于一切法得解脱相,是中无有知苦、断集、证灭、修道。如是等相而可得者,若有众生,得闻如是一切诸法平等之义而生惊怖,应知是为增上慢者。

尔时,世尊即告之言:善哉善哉,诸比丘,如汝所说,如是如是。须菩提,汝等当知此诸比丘,已于过去迦叶佛所,从文殊师利童子,得闻如是甚深之法,以闻法故疾得神通,今复得闻,随顺不逆。须菩提,若复有人,于我法中得闻斯义生信解者,皆于来世见弥勒佛。若未发大乘意,于三会中悉得解脱;若已发大乘意者,皆得住于堪忍之地。

【善德天子会】

尔时,须菩提告彼诸比丘言,长老汝等少有所得有所证耶?

诸比丘言:若增上慢者,则可说言有得有证,无增上慢沙门法者,无得无证,彼于何处生此动念,而自谓言,我如是得我如是证,若其中有动念者则是魔业。

须菩提言:长老如汝所解,何得何证作是说乎?

诸比丘言:唯佛世尊及文殊师利,知我所得,知我所证大德,如我所解,若不了知苦相,作是说言苦我应知,为增上慢;如是集应断、灭应证、道应修,为增上慢;彼不了知苦集灭道相故,作是说言,乃至道我已修,为增上慢。云何苦相,谓无生相,如是集灭道相,若无生相,即是无相无所得,于其中无有少苦可知、集可断、灭可证、道可修,若于此说圣谛义中,不惊、不怖、不畏者,非增上慢,若生惊怖为增上慢。

尔时,世尊赞彼诸比丘言:善哉善哉。

告须菩提:此等比丘于迦叶佛法中曾闻文殊师利演说如是甚深之法,此等比丘往昔修行是深法故,今闻随顺速能了知,如是次第于我法中,闻是深法生信解者,一切当于弥勒法中得入众数。

【释义】

现证如来法身非有所得,非有所证,因为所现证的只是一个本然的境界,亦即法尔,有时亦名为俱生。若谓有所得,便一定是新得,本来无有,因得而成有;若谓有所证,便即是有所得,若无所得便无所证。

须菩提因诸长老说言:若不知文殊所说法,求证悟终不可得。是故即问诸长老:既知文殊所说法,是则现前有何所得、有何所证。诸长老因已了知文殊所说,故即可依不二法门作答。

依不二法门,苦、集、灭、道都是"无生相"。所谓无生即非真实生起,既非真实生起,是则无真实之苦可知、无真实之集可断、无真实之灭可证、无真实之道可修。若谓得知苦、得断集、得证灭、得修道,那便是依识境对苦、集、灭、道作增上,增上之为真实,所以便成增上慢。

释迦于是对诸长老赞叹,并说他们曾在迦叶佛处闻文殊童子说此深法。并且授记说,现在得闻此法,将来必能见弥勒佛。已发心入佛乘者,当得无生法忍;未发心入佛乘者,未来于三会中当得解脱。

所谓三会,指弥勒三会,弥勒为度化释迦所未度化之众生,故说三大法会。依佛经,此当在释迦灭度后五十六亿七千万年。

【不思议佛境界经】

尔时,善胜天子白文殊师利菩萨言:大士,汝常于此阎浮提中为众说法,今兜率天上有诸天子,曾于过去值无量佛,供养恭敬种诸善根,然生在天中耽着境界,不能来此法会而有听受,昔种善根今将退失,若蒙诱诲必更增长。惟愿大士,暂往天宫,为彼诸天弘宣法要。

尔时,文殊师利菩萨,以神通力即于其处,忽然化作兜率天宫,如其所有悉皆备足,令善胜天子及此会中一切人天,皆谓在于彼天之上,具见于彼种种严饰、园林池沼、果树行列、殿堂楼阁、栋宇交临、绣柱承梁、雕窗间户、攒栌迭栱、磊砢分布、称宝为台、庄严绮错。其台极小犹有七层,或八层九层,乃至高于二十层者,一一台上处处层级,皆有众天女,盛年好色、手足柔软,额广眉长、面目清净,如金罗网常有光明,亦如莲华离诸尘垢,发言含笑,进止回旋,动必合仪,丽而有则,譬如满月人所乐见。笙篌琴瑟,箫笛钟鼓,或歌或啸,音节相和,妙妓成行,分庭共舞,如是等事宛然备瞩。

时善胜天子,见自宫殿及其眷属欢娱事已,心生疑怪,白文殊师利菩萨言:奇哉大士,云何令我及以大众瞬息之间而来至此?

尔时,长老须菩提语善胜天子言:天子,我初亦谓与诸大众皆共至于兜率陀天,而今乃知本来不动,曾不共往彼天之上,如是所见,皆是文殊师利菩萨三昧神通之所现耳。

时善胜天子即白佛言:世尊,文殊师利菩萨甚为希有,乃能以三昧神通不思议力,令此众会不动本处而言至此兜率陀天。

佛言:天子,汝但知文殊师利童子神通变化少分之力,我之所知无有量也。天子,以文殊师利神通之力,假使如恒河沙等诸佛国土,种种严好各各不同,能于一佛土中普令明见;又以如恒河沙等诸佛国土,集在一处状如缯束,举掷上方不以为难;又以如恒河沙等诸佛国土,所有大海置一毛孔,而令其中众生不觉不知,无所触娆;又以如恒河沙等诸佛国土所有须弥山王,以彼众山内于一山,复以此山内于芥子,而令住彼山上一切诸天,不觉不知亦无所娆;又以如恒河沙等诸佛国土,其中所有五道众生置右掌中,复取是诸国土一切乐具,一一众生尽以与之等无差别;又以如恒河沙等诸佛国土,劫尽烧时,所有大火集在一处,令其大小如一灯炷,所有火事如本无别;又如恒河沙等诸佛国土,所有日月若于一毛孔,舒光映之,普令其明隐蔽不现。天子,我于一劫若一劫余,说文殊师利童子三昧神通变化之力,不可穷尽。

【善德天子会】

尔时,善德天子白文殊师利言:仁者于此阎浮提中数数说法,我等愿请仁者往兜率陀天,彼诸天子亦有久殖广大善根,彼若闻法则应解了,以着乐故,不能来至佛所听法,而自损减。

尔时,文殊师利即现神变,令善德天子及一切众会,皆悉自谓入兜

136

率陀天宫,见彼园林、宫殿楼观、栏楯窗牖、间错庄严,其诸宝台,层级高广至二十重,众宝网幔天花遍布,异类众鸟翔集和鸣,于虚空中有诸天女散曼陀罗花,歌咏赞叹游戏快乐。

善德天子见是事已,白文殊师利言:希有文殊,云何我等如是速疾已到兜率陀天宫见此园林及诸天众,文殊师利愿为说法?

尔时,长老须菩提告善德言:天子,汝不离会中而往余处,是文殊师利神通变化,令汝自见入兜率天宫。

尔时,善德天子白佛言:希有世尊,文殊师利游戏三昧神通变化,于一刹那中示现此会悉入兜率天宫。

佛言:天子,汝于文殊师利神通变化,岂是见耶。如我所知,文殊师利,若欲以恒河沙等诸佛刹土功德庄严集一佛国,悉皆能现;或以指端举恒河沙诸佛刹土,过于上方如恒河沙诸佛土已置于虚空;又诸佛刹所有四大海水入一毛孔,水性众生亦不迫迮,而皆自见不离海中;所有世界诸须弥山王,皆悉置于芥子之内,依须弥住诸天子等,而皆自谓在其本宫;又诸佛刹所有五道众生悉皆安置于其掌中,众妙资具,犹如一切乐庄严国,咸令得见;又诸世界所有火聚,悉皆安置一兜罗中;复次诸佛世界所有日月,于一毛孔悉能覆蔽,随应所作咸皆作之。

【释义】

此处依不二法门义理,说文殊三昧神通自在。

胜德天子(即善德天子)请文殊为天人说法,文殊即现前变现为兜率陀天(Tuṣita),是故会中大众,其身不动,即刹那如到兜率陀天。

胜德天子向佛赞叹文殊之神通,释迦于是更说文殊神通不可思议,其所说,即依超越识境的相对来说,此如无有大小,无有一多等。所以,于一佛土中能现恒河沙数佛土;将恒河沙数佛土集成一束,有如束丝,可向上举掷;将恒河沙数佛土及诸大海,入一毛孔,佛土中众生毫不觉知,如是等等。

这种说法,又称为"芥子须弥"。即是将须弥山纳于芥子孔中,须弥

137

山不见变小,芥子亦不见变大;将一芥子纳入须弥山中,无处不见芥子,而芥子须弥如本无别。这"芥子须弥"可以说是神通变化,但其实是深刻的寓意,即是说,若离识境的名言句义来看识境,则无识境中的一切相依与相对,所以即使是一粒芥子,亦可以说是"其大无外,其小无内"。由此义理,即可破世间对名言句义的执著。前面的经文已说离世间相,所以这里便可以由离世间而理解"芥子须弥"。

【不思议佛境界经】

尔时,魔波旬自变其身作比丘形,在于会中却坐一面,白佛言:世尊,我今闻说文殊师利童子神通之力,不能信受,唯愿世尊,令于我前现其神力,使我得见。

尔时,世尊知是恶魔变为比丘,欲令众生善根增长,故告文殊师利菩萨言:汝应自现神通之力,令此会中无量众生咸得善利。

尔时,文殊师利菩萨受佛教已,实时入一切法心自在神通三昧。入此三昧已起神通力,现于如上所说神变之事,显然明著皆悉现前,如佛所言不增不减,预斯会者靡不咸见。是时大众覩此神力,叹未曾有,同声唱言:善哉善哉,诸佛如来,为众生故出现世间,复有如是善权大士,同出于世,而能现此不可思议威神之力。

尔时,恶魔见此种种神变事已,欢喜踊跃礼文殊师利菩萨足,合掌恭敬而向如来,作如是言:文殊师利童子甚为希有,乃能现是不可思议神通变化,诸有闻者孰不惊疑。若有众生得闻此事,能生信受。假使恶魔如恒河沙,欲为恼害终不能也。

世尊,我是恶魔,常于佛所伺求其便,心意恼害一切众生,若见有人精勤习善,必以威力为其障碍。世尊,我从今日深发誓心,但此法门弘宣之处,所在国土城邑聚落,百由旬内我在其中,譬如盲者无有所作,不于众生而生侵恼。若见有受持、读诵、思惟、解释是经者,必生尊重供给供养,世尊我之俦党,乐于佛法而生留难,若见有人修行于善,要加逼沮令其退失,我今为断如是恶事,说陀罗尼,即说呪曰:

恒侄他阿么黎(1)毘么黎(2)耻(音天以反)哆答鞞(3)阿羯波你是多设咄嚧(4)誓曳(5)誓耶末底(6)输(去声)婆末底(7)睒迷(去声,下两字同)扇底(8)阿普迷(9)普普迷(10)地嚛(11)阿契(12)莫契(13)佉契(14)弭履罗(15)阿伽(去声)迷(16)普罗(17)普罗普罗(18)输(上声,下同)迷输输迷(19)地嚛地嚛(20)阿那跋底(21)耻哆答鞞(22)讫里多遏梯(23)讫里多毘(入声)提(24)毘卢折(音之热反)担(音丁合反)(25)萨达摩婆拏(上声)拘(26)曷写苏怛罗写陀路迦(27)阿(入声)跋罗自多伊婆苏履耶(28)

Tadyathā / amale / bimale / sthitātve / akalpe nirjitaśatru / jaye jayabati / bhūtamatigamṛśanti / subhuti aphume / bubusi busume / dhīre sukhe / age makhe bodhikṣaya / khakhe yimisile / agame phulela / phula phule / sukhe / śuśrumidhidhīre / anabanti / titiṣṭhaṇi / kritārate / kritabidya / birocatubidhi / mantrapadenaśloka / saṅdharmabānakesya / sūtrasya yāraku / abhramukhita iba suryā svāhā //①

世尊,此陀罗尼拥护法师,能令其人勇猛精进辩才无断,一切恶魔无能得便,更令其魔心生欢喜,以衣服卧具饮食汤药,诸有所须而为供养。世尊,若有善男子善女人,受持此呪日夜不绝,则为一切天、龙、乾闼婆、阿修罗、迦楼罗、紧那罗、摩睺罗伽、人非人等常所守护,一切怨憎不能为害。

佛语魔言:善哉善哉,汝今说此陀罗尼,令恒河沙等无量世界六种震动。魔王当知,汝此辩才,皆是文殊师利童子神力所作。

文殊师利菩萨以神通力,令魔波旬说此呪时,众中三万人,皆发阿耨多罗三藐三菩提心。

【善德天子会】

尔时,恶魔化作比丘白佛言:世尊,我等欲见文殊师利,现前作此神通变化,何用如此虚诞之言,一切世间所不能信。

---

① 依林光明编修:《新编大藏全呪》,台北:嘉丰,2001 年。

尔时，世尊告文殊师利言：汝当于此众会示现神变。

尔时，文殊师利，不起于座，入心自在一切法庄严三昧，于时如佛所说，神通变化皆悉示现，魔与众会及善德天子一切皆见。尔时，大众见此神变叹未曾有，作如是言：善哉善哉，由佛出现有此正士，于世间中开是法门现诸神变。

尔时，恶魔以文殊师利威神力故，作如是言：希有世尊，文殊师利有此神通，今此众会亦为希有，于文殊师利神通变化而得信解。

世尊，设有如恒河沙等诸魔，不能于此信解，善男子善女人，而作留难，我亦恶魔波旬，恒求佛便恼乱众生，我从今往自立誓愿，若于此法门流行之处，有生信解爱乐受持读诵演说，于四面百由旬外，不于中过。世尊，然我眷属，有欲断灭如来法故，令修行者其心散乱，我为降伏说陀罗尼，若善男子善女人，于此法门书写读诵为人演说，诸天魔众当得善利，令说法者，身心悦豫精勤修习，与无碍辩才，及陀罗尼，承事供给，衣服饮食卧具汤药，令无所乏，即说呪曰：

怛侄他(1)阿末丽(2)毘末丽(3)替哆低(4)阿羯椑(5)是多设堵噜(6)誓曳杜野筏低(7)部多筏啃　低伽米丽(8)啃低(9)苏普低(10)普普细(11)地唎苏溪(12)愲提(13)可诣(14)米洗礼(15)央矩丽跋丽(16)呼卢忽梨(17)索醯(18)输戍米提地唎(19)阿那筏低底底使咤泥(20)吃唎多唎低(21)吃利多费低(22)肥卢遮都费低漫怛啰悖驰那驰嘧迦(23)阿(去声)跋罗目多瞎嚩苏唎耶(24)

Tadyathā / amale / bimale / sthitātve / akalpe nirjitaśatru / jaye jayabati / bhūtamatigamṛśanti / subhuti aphume / bubusi busume / dhīre sukhe / age makhe bodhikṣaya / khakhe yimisile / agame phulela / phula phule / sukhe / śuśrumidhidhīre / anabanti / titiṣṭhaṇi / kritārate / kritabidya / birocatubidhi / mantrapadenaśloka / saṅdharmabānakesya / sūtrasya yāraku / abhramukhita iba suryā svāhā //①

① 依林光明编修：《新编大藏全咒》，台北：嘉丰，2001年。

世尊,若善男子善女人,专精受持此陀罗尼心不散乱,常为诸天、龙神、夜叉、乾闼婆、阿修罗、迦楼罗、紧那罗、摩睺罗伽等之所守护,一切恶鬼无能得便。彼魔波旬说此咒时,三千大千世界六种震动。

尔时,世尊告魔波旬:善哉善哉,汝之辩才,当知是文殊师利神通境界,于是文殊师利现神通力,及魔波旬说咒之时,三万二千天人,发阿耨多罗三藐三菩提心。

【释义】

说不二法门,会令人怀疑如何能降四魔,所以这里便用降服魔王波旬来作解说。魔王波旬挑战佛说文殊神通事,请文殊将佛说的神通一一开演。释迦为令众生得善利,于是吩咐文殊应波旬所请,文殊随即开演神通,波旬惊怖赞叹,即向释迦发愿,护持文殊所说法门,并说密咒,令诸魔不得对修行此法门的学人侵扰。

魔王波旬所说密咒,所附梵文对音,与《善德》相近,与《佛境界》比较则颇有差异。由密咒的差异可以推想,菩提流志之二译实据不同梵本。

经文至此,一大段落结束。

【不思议佛境界经】

尔时,文殊师利菩萨作是变已,摄其神力,即告善胜天子言:天子,我今欲诣兜率陀天,汝可先往,令其众集。

时善胜天子闻是语已,与其眷属,右绕于佛及文殊师利等菩萨大众。于会中没,须臾之间到彼天宫。至天宫已,普告众言:汝等当知文殊师利菩萨摩诃萨,愍我等故,欲来至此,汝等诸天皆应舍离放逸诸乐而共来集,为听法故。

时善胜天子作是语已,于天宫中建立道场。其场广博清净严好,以天如意众宝所成。东西三万二千由旬,南北一万六千由旬。又于其中置无量百千师子之座,其座高广种种庄严,以天宝衣而覆其上。

时善胜天子严办道场及师子座已,曲躬合掌,遥向文殊师利菩萨而作是言:我至天宫所为事毕,唯仁降止,今正是时。

尔时,文殊师利菩萨与诸菩萨,一万二千人,大声闻一千五百人,及余无量百千天龙夜叉乾闼婆等,从坐而起顶礼佛足,右遶三匝,于如来前没而不现,须臾之顷至兜率陀天,诣道场中,如其敷拟各坐其座。

尔时,四天王天、三十三天、夜摩天、化乐天、他化自在天,及色界中诸梵天众,递相传告而作是言:今文殊师利菩萨,在兜率陀天,欲说大法,我等应共往诣其所,为欲听闻所未闻法,及见种种希有事故。作是语已,欲色界中无量阿僧祇诸天子众,于须臾顷,各从所住而来共集兜率天宫。以文殊师利菩萨威神之力,其道场中悉皆容受而无迫隘。

尔时,善胜天子白文殊师利菩萨言:大士,今此大众悉已来集,愿以辩才阐明法教。

【善德天子会】

时文殊师利还摄神力,令此众会皆悉自见如本而住。尔时,文殊师利告善德天子言:善男子,汝往兜率陀天遍告天众,我当来彼。

时善德天子闻是语已,礼世尊足,并诸菩萨大德声闻,与其眷属恭敬围遶,于众会前忽然不现。须臾已至兜率陀天。尔时,善德遍告诸天子言:汝等应知文殊师利怜愍汝故欲来至此,汝等应当舍诸欲乐,远离憍慢,恭敬尊重随顺听法。

尔时,善德天子,如所应办庄严道场,即便合掌作如是言:文殊师利,今正是时。

于是文殊师利与一万菩萨五百声闻及天、龙、夜叉、乾闼婆等,前后围遶,礼佛足已,于会中没,现兜率陀天,与诸菩萨声闻大众,于彼道场随敷而坐。

时诸大众悉闻四天王宫、三十三天、夜摩、兜率及以化乐、他化自在诸天子等,魔众梵众,乃至有顶互相唱言:文殊师利今在兜率陀天方欲说法。诸天闻已,无数百千皆来集会,尽此欲界天宫所不容受。时文殊师利即以神力,令彼诸天自见宽广不相妨碍。

尔时,善德天子白文殊师利言:大众已集,愿为说法。

【释义】

经文由此处起,说文殊师利在兜率陀天中为诸天说法。兜率陀天为弥勒菩萨所居之地,今时弥勒实已说法,所说之法名瑜伽行,是故文殊在此天中所说,亦即菩萨所应修习之瑜伽行法。

至于经中所说种种神通变化,实为一即是多,多即是一的表义,亦为其大无外,其小无内的表义。

【不思议佛境界经】

时文殊师利菩萨普告众言:诸仁者,若诸菩萨,住四种行,则能成就一切善法。

何等为四:一者持戒,二者修禅,三者神通,四者调伏。若能持戒则成就多闻;若能修禅则成就般若;若得神通则成就胜智;若住调伏则能成就心不放逸。是故我言,若诸菩萨住于四行则能成就一切善法。

【善德天子会】

文殊师利告善德天子言:有四种法,菩萨住于不放逸者,则能摄取一切佛法。

何等为四:一者住于戒律而具多闻,二者住于禅定而行智慧,三者住于神通而起大智,四者住于寂静而常观察。

【释义】

此处经文,《善德》较佳。依《善德》,菩萨若能住于不放逸而行四法,便能成就一切佛法,这是以不放逸为先决条件。这说法,比《佛境界》将不放逸列为四法之一法较佳。

若能不放逸,则可由住于戒律而成就多闻;住于禅定而成就智慧;住于神通而成就大智;住于寂静而成就胜观。

依此次第,行者须先能持戒,然后才能得闻法的“闻所成慧”;复由观修禅定,即能得"修所成慧";再由禅定的现证,由是能住于神通的境界,于一切经教以及观修即能得胜解;更由胜解得决定见,如是即能入甚深胜观,并由此可得现证。

这观修次第,可以说为:抉择、观修、决定、现证。此中抉择见依闻所成慧,此中决定见依观修而得的胜解。

【不思议佛境界经】

诸仁者,当知持戒具足八法而得清净,何等为八:一者身行端直,二者诸业淳净,三者心无瑕垢,四者志尚坚贞,五者正命自资,六者头陀知足,七者离诸诈伪不实之相,八者恒不忘失菩提之心。是名持戒八种清净。

【善德天子会】

天子有八种法入于戒律,何等为八:一者身清净,二者语清净,三者意清净,四者见清净,五者头陀功德清净,六者命清净,七者舍离一切诈现异相以利求利清净,八者不舍一切智心清净。是名八法入于戒律。

【释义】

上面说四种行,今说第一种,住于戒律,此有八法。由此八法即得八种清净,具如《善德》所说。

行者所修为身、语、意、功德、事业。所以经文所说的八法清净,可涵盖于此五种中。

经文说"身清净""语清净""意清净",其后更说"见清净",此可从属于意;说"头陀功德清净",则为功德清净;说命清净及舍离诈伪以求利,则为事业清净。由此五种清净,即得第八法清净。至于第八法,《佛境界》说为"恒不忘失菩提之心",《善德》则说为"不舍一切智心清净",二者稍有差异,但其密意则应相同,因为一切智心清净,亦可以说即是菩提心,于胜义菩提心与世俗菩提心双运时,这种心识状态便可称为智心。

经中说头陀功德,即是行头陀行所生功德。头陀行有十二种,总括为去除贪著衣、食、住的修行,如只限三衣、一日一食、露地坐等。

经中说"命清净",所谓命,即指谋生的方法,如不依捕猎杀生等方法谋生即为命清净。

经中说"诈伪不实之相",即如未知诈知、未证诈证等。

【不思议佛境界经】

复次诸仁者,应知多闻亦以八法而得清净,何等为八:一者敬顺师长,二者摧伏恼慢,三者精勤记持,四者正念不错,五者说释无倦,六者不自矜伐,七者如理观察,八者依教修行。是名多闻八种清净。

【善德天子会】

天子复有八法入于多闻,何等为八:一者尊重,二者下心,三者发起精进,四者不失正念,五者随闻受持,六者心善观察,七者如闻转教,八者不自赞毁他。是名八法入于多闻。

【释义】

由持戒而得多闻,但亦应依法义入,所以说八种法入于多闻。《佛境界》与《善德》所说,次第不同,但都以"敬顺师长"(尊重)为首,可见必须敬师始能成多闻。

又,《佛境界》之"说释无倦"即是《善德》之"如闻转教"。行者由闻得法,复须转教他人,此为自利利他。

余者随文易知,不复作释。

【不思议佛境界经】

复次诸仁者,应知禅定亦以八法而得清净,何等为八:一者常居兰若宴寂思惟,二者不共众人群聚谈说,三者于外境界无所贪著,四者若身若心舍诸荣好,五者饮食少欲,六者无攀缘处,七者不乐修饰音声文字,八者转教他人令得圣乐。

145

【善德天子会】

天子复有八法,入于禅定,何等为八:一者寂静住阿兰若,二者舍离愦闹,三者不染境界,四者身心轻安,五者心缘定境,六者绝诸声相,七者减食支身,八者不取圣乐。是名八法入于禅定。

【释义】

不放逸行四种法,第二种为禅定。

此处亦以《善德》所说为佳。

"住阿兰若"。阿兰若(araṇya)即森林、树下、茅蓬等修行人所住处。

"舍离愦闹"即不聚众。

"不染境界"即不贪外境。所以修行不必在风景优美处。

"身心轻安"即能入轻安的禅定境界。至于《佛境界》说"若身若心舍诸荣好",那便只是生活中的身心轻安,无心理负担便可称为轻安。

"心缘定境"(无攀缘处),是说于禅定中无所缘而缘,此即定境,可见这里所说的是佛乘的禅定(如来禅),非小乘禅,亦非菩萨所行禅。

"绝诸声相"(不落修饰音声文字),即如不落歌舞等。

"减食支身"(饮食少欲)即是饮食知足,能维持身体即可。

"不取圣乐"即是不久住禅定的觉受境界,这觉受境界为圣者所得之乐,所以称为圣乐。若住而不舍,即更不能有所精进。《佛境界》作"转教他人令得圣乐",不能说不对,但含义则不及《善德》所说之深。

【不思议佛境界经】

复次,诸仁者,应知般若亦以八法而得清净,何等为八:一者善知诸蕴,二者善知诸界,三者善知诸处,四者善知诸根,五者善知三解脱门,六者永拔一切烦恼根本,七者永出一切盖缠等惑,八者永离一切诸见所行。是名般若八种清净。

【善德天子会】

天子复有八法入于智慧，何等为八：一者蕴善巧，二者界善巧，三者处善巧，四者缘起善巧，五者谛善巧，六者三世善巧，七者一切乘善巧，八者一切佛法善巧。是名八法入于智慧。

【释义】

住不放逸的禅定能生智慧（般若），所以这里便说入智慧的八法。《佛境界》所说与《善德》所说其实相同，译文则似不同。

"蕴善巧"即是"善知诸蕴"。色、受、想、行、识是为五蕴，前面经文已说色如聚沫等，由是决定五蕴法同于法界，此即为"善知诸蕴"。

"界善巧"即是"善知诸界"。六根、六尘、六识合称为十八界。前面经文已说五蕴法同于法界，法界则是非界，由是说无十八界，此即为"善知诸界"。

"处善巧"即是"善知诸处"。六根、六尘各可建立为处，此如由眼所入等共十二处，由五蕴法同于法界，亦可说十二处为无所有，此即为"善知诸处"。

"缘起善巧"即是善知因缘，前面经文对此亦有解说："是五蕴者属于因缘，若属因缘，则不属我不属众生，若不属我不属众生是则无主，无主则无取，无取则无净，无净论者是沙门法。如手画空无有触碍，修行如是空平等性超过世间。"这是由密意来说缘起，能知此密意才能说为缘起善巧。有情常执六根为自我，所以能缘起善巧即能知无我，因此《佛境界》才说为"善知诸根"。

"谛善巧"即是"善知三解脱门"。谛指二谛，三解脱门中的空解脱门，由胜义谛而说；无相解脱门及无愿解脱门，则依世俗的相及愿来说，若能于二谛善巧，不落胜义，亦不落世俗，亦即于智识双运境中，不落智境，亦不落识境，是即能由空、无相、无愿而入解脱门。

"三世善巧"即是"永拔一切烦恼根本"。三世指过去、现在、未来。于不二法门中，说为无时，即三世皆为虚妄，只是依识境的状态而建立名言,此状态并非真实,所以说为如幻,这是佛的甚深密意。对此密意,现代人已容易理解,由爱因斯坦的相对论已可知时间的不真实,更有物理学家 Julian Barbour 著有 *The End of Time: The Next Revolution in our Understanding of the Universe* 一书,称为认知宇宙的革命,他的结论正与不二法门相合。若能善知三世,即可说为"永拔一切烦恼根本",因为一切烦恼的根本即是轮回,若知无时,即无真实的轮回可得。

"一切乘善巧"即是"永出一切盖缠等惑"。因为佛施设一切乘,即是为了分别说一切盖缠等惑。所以于一切乘善巧,即能出一切惑。

"一切佛法善巧"即是"永离一切诸见所行"。一切佛法,是由佛依众生根器而施设种种法异门,依这些法门来断除种种邪见、不究竟见,所以善巧一切佛法即能永离一切诸见所行。

比较《佛境界》与《善德》,后者所说依密意建立,前者则可以说为通俗。梵本有异,所异之处即在于此。

【不思议佛境界经】

复次,诸仁者,应知神通亦以八法而得清净,何等为八:一者见一切色无有障碍,二者闻一切声无所限隔,三者遍知众生心之所行,四者忆念前际无碍无著,五者神足游行遍诸佛国,六者尽一切漏而不非时,七者广集善根而离诸散动,八者如初发誓愿,恒为善友广济众生。是名神通八种清净。

【善德天子会】

天子,复有八法入于神通,何等为八:一者天眼通,见无障碍故;二者天耳通,闻无障碍故;三者他心通,观一切众生心故;四者宿命通,忆念前际故;五者神足通,示现一切神变故;六者漏尽通,尽一切众生漏故;七者不住烦恼不取解脱,方便力故;八者不依声闻解脱而入涅槃。是名八法入于神通。

【释义】

不放逸行第三种法为神通，此处即说入神通之八法。

此处经文，《佛境界》与《善德》可互为补充。

"见一切色无有障碍"可入天眼通。

"闻一切声无所限隔"可入天耳通。

"遍知众生心之所行"可入他心通。

"忆念前际无碍无著"可入宿命通。

"神足游行遍诸佛国"可入神足通。

"尽一切漏而不非时"可入漏尽通。

"广集善根而离诸散动"得方便力，"不住烦恼不取解脱"。

"如初发誓愿，恒为善友广济众生"，是故"不依声闻解脱而入涅槃"。

【不思议佛境界经】

复次，诸仁者，当知于智亦以八法而得清净，何等为八：一者苦智，遍知五蕴；二者集智，永断诸爱；三者灭智，观诸缘起毕竟不生；四者道智，能证有为无为功德；五者因果智，知业与事无有相违；六者决定智，了知无我无众生等；七者三世智，善能分别三世轮转；八者一切智智，谓般若波罗蜜于一切处无不证入。是名为智八种清净。

【善德天子会】

复有八法能入于智，何等为八：一者苦智，二者集智，三者灭智，四者道智，五者因智，六者缘智，七者三世智，八者一切智。是名八种。

【释义】

住入神通可得大智，是故此处即说八种智。此处以《佛境界》译文为佳。

遍知五蕴即能遍知苦，因为一切苦皆缘五蕴所生，是即苦智。

能永断诸爱，则能断除执五蕴（集）为自我，是即无我无我所，是即集智。

观一切法由缘生而成为有,超越缘起时,即知一切法毕竟不生,是即灭智。依瑜伽行义,缘起层层超越,此如由依他超越遍计、由圆成超越依他。此亦即四重缘起义,因为在依他中再分为相依、相对,是即成四重缘起。

由于观修,得证有为无为功德,此即于有为法及无为法皆无障碍,是为道智。

能了知以业为因,以事为果报,因果同类,无有相违,如杀人者得被杀、意外丧生等果报。是即因果智。

由于观修,得了知无人相我相众生相,是即得"人无我"决定;得了知一切诸法自性本性空,是即得"法无我"决定(此处《善德》作"缘智",可归纳在因果智内)。

由于观修,得了知三世轮转,即知前生、今生、后生,是即三世智。

行者证入深般若波罗蜜多,亦即证入不二法门、如来藏,即于一切处无不证入,是即佛智,名为一切智智。

【不思议佛境界经】

复次,诸仁者,应知调伏亦以八法而得清净,何等为八:一者内恒寂静,二者外护所行,三者不舍三界,四者随顺缘起,五者观察诸法其性无生,六者观察诸法无有作者,七者观察诸法本来无我,八者毕竟不起一切烦恼。是名调伏八种清净。

【善德天子会】

复有八法入于寂静,何等为八:一者内寂静,二者外寂静,三者爱寂静,四者取寂静,五者有寂静,六者生寂静,七者一切烦恼寂静,八者三界寂静。是名八法。

【释义】

此处《佛境界》经文混淆,应依《善德》,所说为入寂静八法。至于所说八法,则应依《佛境界》。

心识寂静,如不以心转境,为内寂静。

于外境所行寂静,如不执持外境,为外寂静。

入无愿解脱门,不舍三界(不舍轮回),为爱寂静。

随顺缘起而取,是即知足而无滥取,为取寂静。

善观察诸法,得无生法忍,知诸法如何而成为有,是即有寂静。

善观察诸法,知无有作者,即知一切诸法任运圆成,是即生寂静。

由观修得入胜观,于无生法忍中,一切烦恼毕竟不起,是即一切烦恼寂静。

由观修得现证,一切诸法本来无我,于识境中,尽离人我法我,是即三界寂静。

【不思议佛境界经】

复次,诸仁者,应知不放逸亦以八法而得清净,何等为八:一者不污尸罗,二者恒净多闻,三者成就诸定,四者修行般若,五者具足神通,六者不自贡高,七者灭诸诤论,八者不退善法。是名不放逸八种清净。

【善德天子会】

复有八法入于观察,何等为八:一者戒,二者闻,三者禅定,四者智慧,五者神通,六者智,七者寂灭,八者不放逸。天子是名八法。

【释义】

此处经文《佛境界》亦有混淆,应依《善德》。此说由八法入观察。

依持戒而观察;依闻法而观察;依禅定作观察;依般若作观察;依神通作观察;不自贡高而作观察;若有诤论,依敌论而作观察;不退善法而作观察。

此中以不退善法而作观察最为难能,当行者证入深般若时,无善与不善的分别,然而,仍应依世间因果区别善与不善,故行者非深入善巧智识双运不可。此即八地以上菩萨之观察。

151

【不思议佛境界经】

诸仁者，若诸菩萨住不放逸，则不失三种乐，何者为三：所谓诸天乐、禅定乐、涅槃乐。

又则解脱三恶道，何者为三：所谓地狱道、畜生道、饿鬼道。

又则不为三种苦之所逼迫，何者为三：所谓生苦、老苦、死苦。

又则永离三种畏，何者为三：所谓不活畏、恶名畏、大众威德畏。

又则超出三种有，何者为三：所谓欲有、色有、无色有。

又则涤除三种垢，何者为三：所谓贪欲垢、瞋恚垢、愚痴垢。

又则圆满三种学，何者为三：所谓戒学、心学、慧学。

又则得三种清净，何者为三：所谓身清净、语清净、意清净。

又则具足三种所成福，何者为三：所谓施所成福、戒所成福、修所成福。

又则能修三种解脱门，何者为三：所谓空解脱门、无相解脱门、无愿解脱门。

又则令三种种性永不断绝，何者为三：所谓佛种性、法种性、僧种性。

诸仁者，不放逸行有如是力，是故汝等应共修行。

【善德天子会】

菩萨安住不放逸故，诸佛菩提及菩提分法一切当得，是故天子应当依是不放逸住。汝等天子，依不放逸则三种乐常不损减，何等为三：一者天乐，二者禅乐，三者涅槃乐。

复次，诸天子依不放逸住者得离三苦，何等为三：所谓行苦、苦苦、坏苦。

又不放逸者超三种畏，何等为三：所谓地狱、饿鬼、畜生。

又不放逸者得超三有，何等为三：所谓欲有、色有、无色有。

复次，诸天子依不放逸住者得离三垢，何等为三：所谓贪垢、瞋垢、痴垢。

又不放逸于三学处当得圆满,何等为三:所谓增上戒、增上心、增上慧。

不放逸者常得亲近供养三宝,何等为三:所谓佛宝、法宝、僧宝。

【释义】

由此段起,说不放逸行的功德,都随文易知。《佛境界》与《善德》所说互有差异。

【不思议佛境界经】

复次,诸仁者,菩萨所行六波罗蜜,一一具有三所治障,若住不放逸速能除断。

何等为三:谓自不布施、不欲他施、瞋能施者。

自不持戒、不欲他持、瞋能持者。

自不忍辱、不欲他忍、瞋能忍者。

自不精进、不欲他精进、瞋能精进者。

自不修定、不欲他修、瞋能修者。

自无智慧、不欲他有、瞋能有者。

如是名为菩萨六度一一见有三障差别,不放逸行之所除断。

【善德天子会】

复次,依不放逸住者,得离三种波罗蜜障,何等为三:一者自悭,二者于行施人心生憎嫉,三者随顺悭人。

自破戒、憎嫉持戒者、随顺破戒人。

自瞋憎、嫉忍辱者、随顺瞋恚人。

自懈怠、憎嫉精进者、随顺懈怠人。

自散乱、憎嫉禅定者、随顺散乱人。

自无智慧、憎嫉智慧者、随顺无智人。

汝等诸天子,是名依不放逸住者当得远离三波罗蜜障。

【释义】

此处说离波罗蜜多障,可知文殊不二法门亦应由六波罗蜜多而入,是故观修如来藏,亦不离此六者。何以故?因深般若波罗蜜多即不二法门,即如来藏。

经文随文易知。

【不思议佛境界经】

复次,诸仁者,菩萨所行六波罗蜜,各以三法而得成满,此三皆从不放逸生。何等为三:

布施三者,谓一切能舍、不求果报、回向菩提。

持戒三者,谓重心敬授、护持不缺、回向菩提。

忍辱三者,谓柔和宽恕、自护护他、回向菩提。

精进三者,谓不舍善轭、无来去想、回向菩提。

禅定三者,谓遍入诸定、无所攀缘、回向菩提。

般若三者,谓智光明彻、灭诸戏论、回向菩提。

如是名为菩萨六度一一三种能成满法,不放逸行之所生长。

【善德天子会】

复次,诸天子,依不放逸住者,当得三种波罗蜜伴助。何等为三:

所谓施增长,不求果报,回向菩提。

戒增长,不求生天,回向菩提。

忍辱增长,于一切众生不生害心,回向菩提。

精进增长,种种善根无有厌足,回向菩提。

禅定增长,心不散乱,回向菩提。

智能增长,常修善业,回向菩提。

是名依不放逸住得此波罗蜜三伴助。

是故诸天子,住不放逸增长一切善法,佛所印可。

【释义】

此处说行六波罗蜜多,若依不放逸行,即各各得三种助伴。所谓助伴,即修六波罗蜜多时,各依三法而为助修,随文易知。

154

回向菩提行,为主要助伴,足见行者依菩提心而行之重要。宁玛派大圆满法,其初即名菩提心法,由此可见与不二法门实同一教法。依见立名,可名为不二法门;依修行立名,可名为大圆满。此实即一佛乘的究竟教法。

【不思议佛境界经】

复次,诸仁者,一切菩萨以不放逸故,速得成就三十七种菩提分等所有善法,证于诸佛无上菩提。

云何速成菩提分法,谓诸菩萨以不放逸故,修四念处不经勤苦疾得圆满。云何修耶,谓观身处无所有、观察处无所有、观心处无所有、观法处无所有,于一切法皆无所得,如是名为修四念处。

【善德天子会】

复次诸天子,应观四念处,所谓无身住处,无受住处,无心住处,无法住处,无住处无建立处,是名念处。①

【释义】

依宁玛派教授,三十七菩提分为行持,亦即非观修之所缘境,仅为日常生活之所依。

身与外境彼此相应,是故凡夫有身住处与觉受住处,二者实无所住,亦无建立处,即是身念住与受念住。

起心动念时,与法相应,是故凡夫有心住处与法住处(此法住处即心行相),二者实无所住,亦无建立处,即是心念住与法念住。

【不思议佛境界经】

又诸菩萨以不放逸故,修四正勤疾得圆满。云何修习,谓诸菩萨,虽恒观察一切诸法,本来无生、无得、无起、无有作者,犹如虚空,而为未

---

① 此段经文原在说四正勤之后,应为错简,今予以移置。

生诸恶不善法令不生故,摄心正住勤行精进。

虽观一切法无业无果,而为诸众生已生诸恶不善法欲令断故,摄心正住勤行精进。

虽信解一切法空无所有,而为未生诸善法欲令生故,摄心正住,勤行精进。

虽知诸法本来寂静,而为已生诸善法欲令住故、不退失故、更增长故,摄心正住勤行精进。是诸菩萨,虽恒观察一切诸法,无有所作、无能作者,体相平等,是中无有少法可得若生若灭,而常精进修习不舍,是则名为修正勤耳。

【善德天子会】

复次,一切法如虚空,是四正勤,应当观察。何等为四:所谓诸法无作,未生不善法,为不生故发起精进;法性清净,已生不善法,为除灭故发起精进;诸法寂静,未生善法,令得生故发起精进;一切法无处无行,已生善法,住不失故发起精进。天子,是诸菩萨四正勤,佛所印可。

复次,诸天子,法性平等,无生无灭,依此法性无所得故,不作诸恶;顺法性故,勤修众善;如是修者为无所修,复次于一切法不取不舍,是名正勤。

【释义】

四正勤总括来说,即是菩萨行的"诸恶莫作,众善奉行"。此处由一切法本来无生而说,立足点便比由因果而说善恶为高。由说无生,即不离不二法门义。此中义理,详见《佛境界》所说。

【不思议佛境界经】

又诸菩萨以不放逸故,修四神足疾得圆满。云何修习,谓诸菩萨虽永断欲贪,而恒不舍诸善法,欲若身、若心常修善行;虽观诸法空无所得,而为化众生勤行精进;虽了知心识如幻如化,而恒不舍具诸佛法成正觉心;虽知诸法无依无作不可取著,而恒随所闻如理思惟,如是名为修习神足。

复次,应观四如意足。一者,身心不懈,乐修善法故;二者,为成就一切众生,发起精进,断贪欲故;三者,一切法不可得,而证诸佛法故;四者,心如幻化,法无所依,超过一切取著故。

【释义】

四如意足,依次为欲如意足、精进如意足、念如意足、思维如意足,即于行持中不忘所闻、所修之法,且能专注记忆不忘,复能由思维而得决定。

【不思议佛境界经】

又诸菩萨,以不放逸故,修习五根疾得圆满。云何修习,谓诸菩萨,虽依自力而有觉悟,不从他闻,然教化众生,令其了知发生深信;虽无来想亦无去想,而勤遍修行一切智行;虽于境界无念无忆,而于其中不忘不愚;虽以智光开了诸法,而恒正定寂然不动;虽常安住平等法性,而断众翳障戏论分别。如是名为修习五根。

【善德天子会】

复次,应观五根。一者信根,决定安住于诸法中为上首故;二者精进根,遍修诸行成就佛身故;三者念根,具足诸法心善调柔无忘失故;四者定根,远离攀缘不随昏睡故;五者慧根,决断诸法正观现前不随他故。

【释义】

综合《佛境界》与《善德》经文,即易知由不放逸行可得五根圆满。

【不思议佛境界经】

又诸菩萨,以不放逸故,修习五力疾得圆满。云何修习,谓诸菩萨,修信力时,一切外论不能倾动;修精进力,一切恶魔无能沮坏;以修念力,不入声闻辟支佛地;修定力故,疾得远离五盖烦恼;以智慧力,永不取于诸见境界。是则名为修习五力。

何谓诸力,所谓安住如是诸法性中,一切烦恼无能沮坏,是名为力。

【释义】

此处说五力,即由不放逸行可得五种力用:信力、精进力、念力、定力、慧力。于五根增长时,即得五力。

《善德》说此五力为"安住如是诸法性中,一切烦恼无能沮坏",是即说,行者能得心性解脱,自然安住法性,由是五根增长,五力得起功用,如是行者即不受一切烦恼所坏。

【不思议佛境界经】

又诸菩萨,以不放逸故,修七觉分疾得圆满。云何修耶,谓诸菩萨,于一切善法恒不忘失,是修念觉分;于诸缘起常乐观察,是修择法觉分;行菩提道永不退转,是修精进觉分;知法而足无所希求,是修喜觉分;远离身心散动之失,是修猗觉分;入空、无相、无愿解脱是修定觉分;离于生起学习之心,是修舍觉分。是名为修七觉分法。

【善德天子会】

住是力故便得胜法,如实了知非异非如,说名觉分。

【释义】

依密意,七觉分为:

"择法觉分",能善抉择诸法。《佛境界》说为善观缘起。

"精进觉分",于法无有间杂,依佛密意而作修行。《佛境界》说为"行菩提道永不退转"。所谓菩提道即佛密意所说一佛乘。

"喜觉分",由得无上正法,心生欢喜。《佛境界》说为"知法而足无所希求"。

除觉分,能除诸见烦恼,远离身心散动。《佛境界》名此为"猗觉分"。

"舍觉分"，能舍观修所缘境，入无所缘而缘。《佛境界》说为"离于生起学习之心"。

"定觉分"，能了知禅定觉受。若仍依世间名言句义而起觉受，即非正觉。《佛境界》说为"入空、无相、无愿"三解脱门。

"念觉分"，能思维所修无上法。《佛境界》说为"于一切善法恒不忘失"。

【不思议佛境界经】

又诸菩萨，以不放逸故，修八圣道疾得圆满。云何修习，谓永离于断常见故，名修习正见；离于欲觉恚觉害觉故，名修习正思惟；远离自他不平等故，名修习正语；离于谄伪不实相故，名修习正命；离于怯弱身心事故，名修习正业；离自矜足慢他心故，名修习正勤；离诸惛愚，名修习正念；息诸分别，名修习正定。是名修习八圣道分。

【善德天子会】

若于诸法随顺觉了，由是道故。次第修行通达秘密，于法不动，说名圣道。

【释义】

《善德》说八圣道，其成就为"通达秘密，于法不动"，此即能善知诸佛密意，且无退失。《佛境界》无此句。

依密意说，八圣道为：

正见，能见无上法，如得无生法忍，依智识双运而正见生灭、常断、一异、来去等。

正思维，离于识觉而思维。《佛境界》说为"离于欲觉、恚觉、害觉"。

正语，一切言说离于自他不平等。

正业，依言说，说为住于清净事业；依密意，即如《佛境界》所说，"离于怯弱身心事"。因为住大平等性实不容易，须不怯弱，才能成就大平等行。

正命，"离于诏伪不实相"而谋生。

正勤（一般说为正精进），可依《佛境界》说为"离自矜足慢他心"。

正念，可依《佛境界》说为"离诸惛愚"。

正定，可依《佛境界》说为"息诸分别"。

【不思议佛境界经】

诸仁者，我以如前所说之义，言诸菩萨住不放逸则得成就三十七种菩提分等一切善法，证于诸佛无上菩提。诸仁者，此不放逸菩萨，入于如是菩提分法已，则出一切生死淤泥。出生死已，于一切法，都无所见，无所见故无所言说，无所言说故则得入于毕竟寂静。

云何名为毕竟寂静：以一切法非所作，非所作故不可取，不可取故无有用，无有用故不可安立。以之为有，不可安立以为有故，应知即是毕竟寂静。

说是法时，会中有一万二千天子，远尘离垢法眼清净。

【善德天子会】

是故诸天子，应如是修三十七品菩提分法，出过诸行无复障碍，智慧炽然究竟寂静。云何名为究竟寂静，谓诸法无起亦无所尽，无所尽故则无所作，无所作故，亦非无作、无受、无受者、无施设，是名究竟寂静。

说此法时，一万二千天子，于诸法中得法眼净。

【释义】

此说入三十七菩提分法，即能得入毕竟寂静。

说毕竟寂静，以《善德》较佳。谓"诸法无起亦无所尽"，是即说一切法，无生无灭、无常无断、无一无异、无来无去。是即龙树《中论》所说之"八不"。

由无所起无所尽，即可决定一切诸法实无作者，亦无受者。世间所谓作者受者，实依名言句义而施设，若离一切施设，即得毕竟寂静（究竟寂静）。

经文至此,告一段落,下面说菩萨道。

【不思议佛境界经】

尔时,善胜天子复白文殊师利菩萨言:大士云何名修行菩萨道?

文殊师利菩萨言:天子,若菩萨虽不舍生死,而不为生死诸恶所染;虽不住无为,而恒修无为功德;虽具修行六波罗蜜,而示现声闻辟支佛行。是名修行菩萨道。

【善德天子会】

尔时,善德天子白文殊师利言:菩萨云何修习于道?

文殊师利言:天子,若诸菩萨不舍生死,而令众生入于涅槃;不舍爱取,而拔出众生令立圣道,是名菩萨修习于道。

【释义】

此处说菩萨道,《佛境界》与《善德》所说有所开合,彼此可以融汇。

菩萨不舍生死,即是出离识境而得悟入智识双运,由双运故,得"不为生死诸恶所染",亦得"令众生入于涅槃"。

菩萨不住无为而恒修无为功德,由是即可"拔出众生令立圣道"。

至于"虽具修行六波罗蜜,而示现声闻辟支佛行",是即虽依智境而修,但亦示现为识境所应行。

由上面所说,即知此处所说菩萨道,实即观修如来藏之道。

【不思议佛境界经】

复次天子,若菩萨虽于空清净,而善示诸境,亦不取于境;虽于无相清净,而善入诸相,亦不执于相;虽于无愿清净,而善行三界,亦不著于界;虽于无生无灭清净,而善说生灭,亦不受生灭。所以者何,此调伏心菩萨,虽了知一切法空无所有,然以诸众生于境界中而生见著,以见著故增长烦恼,菩萨欲令断诸见著,而为说法,令知一切境界是空,如说于空、无相、无愿,无生无灭皆亦如是,是名修行菩萨道。

【善德天子会】

复次天子,修习道者,善巧安住清净性空。何以故,菩萨以寂静心,见一切法自性清净,为诸众生乐著诸见,安住随眠无方便者,演说诸法自性空义。所以者何,是诸众生,于自性空中而生见故,是菩萨以无相、无愿、无所作,一切法自性不生,为诸凡夫久习烦恼生灭见者,于此无生令得信乐,而于生灭亦无所动。天子,是名菩萨修习于道。

【释义】

此处说菩萨于空清净、于相清净、于愿清净、于生灭法清净,然而却并非舍离于境、舍离于相、舍离于愿、舍离生灭,这正是住入智识双运境界之所行。

《善德》说得比较深入。菩萨为何演说诸法自性空义,因为一切诸法自性即是本性,是故自性空为法尔,然而诸众生却"于自性空中而生见",是即于本来"自性本性空"的诸法生种种见地,由是菩萨始依究竟义说自性空,令诸众生得无生法忍。由此可见,但说缘生便说性空,实在只是自安立的推理,非一佛乘的菩萨道,亦非龙树菩萨之所说。

【不思议佛境界经】

复次天子,有往有复,名修菩萨道。

云何名为有往有复,观诸众生心所乐欲,名之为往,随其所应而为说法,名之为复。

自入三昧名之为往,令诸众生得于三昧,名之为复。

自行圣道名之为往,而能教化一切凡夫,名之为复。

自得无生忍名之为往,令诸众生皆得此忍,名之为复。

自以方便出于生死,名之为往,又令众生而得出离,名之为复。

心乐寂静名之为往,常在生死教化众生,名之为复。

自勤观察往复之行,名之为往,为诸众生说如斯法,名之为复。

修空、无相、无愿解脱,名之为往,为令众生断于三种觉观心故而为说法,名之为复。

坚发誓愿,名之为往,随其誓愿拯济众生,名之为复。

发菩提心愿坐道场,名之为往,具修菩萨所行之行,名之为复,是名菩萨往复之道。

说此法时,会中有菩萨五百人,皆得无生法忍。

【善德天子会】

复次天子,应见菩萨去来之道。

诸天子言：文殊师利,云何菩萨去来之道？

文殊师利言：天子,菩萨证菩提而去,如应说法而来。

得诸禅解脱而去,现生欲界中来。

入于圣道故去,大悲成熟众生故来。

得无生法忍而去,忍受众生故来。

于一切法出离故去,拔出众生故来。

誓愿坚固而去,誓愿无自性而来。

三解脱门而去,故受生而来。

菩提道场故去,为安立众生于菩提故来。

天子,是名诸菩萨去来之道,说此菩萨道时,五百菩萨得无生法忍。

【释义】

此处说往复(或来去),实广说如来藏的智识双运境界。出离识境入于智境,即是往(去),虽入智境而不舍识境,由是依智境与识境双运而见一切法,即是复(来)。

《佛境界》与《善德》所说的往复稍有开合,然而都合乎智识双运。无生法忍实亦应依智识双运境界而证,若偏堕于无生边,便可能破坏世间法,所以无生法忍实在是：知由无生而生一切,如是便不破坏世间而得见世间实相。此实相,佛说为如梦、如幻、如镜影,其实即是令诸众生悟入"自性本性",梦中人以梦性为自性、幻化人以幻性为自性、镜中人以镜性为自性,是即"自性本性空",于自性本性空中,一切法无所得,无所建立,无一法可以成为众生的真实依处,所以菩萨便须要"往",亦即舍离一切识境而悟入智境。可是,于现证智境的同时,由大平等性故,亦不能离弃识境,所以菩萨于"往"的同时,还须要"复",是即成智识双运的境界。

说菩萨道,知"往复"至为重要。

【不思议佛境界经】

尔时,善胜天子白文殊师利菩萨言:大士,我曾闻有一切功德光明世界,如是世界在何方所,佛号何等,于中说法?

文殊师利菩萨言:天子,于此上方过十二恒河沙佛土,有世界名一切功德光明,佛号普贤如来应正等觉,在此土中演说正法。

善胜天子言:大士,我心欲见彼之世界及彼如来,惟愿仁慈示我令见。

时文殊师利菩萨,即入三昧,此三昧名离垢光明,从其身中放种种光,其光上彻十二恒河沙佛土,至一切功德光明世界,种种色光遍满其国。彼诸菩萨见是光已得未曾有,合掌恭敬,白普贤如来言:世尊,今此光明从何所来。普贤佛言:善男子,于此下方,过十二恒河沙佛土,有世界名娑婆,佛号释迦牟尼如来应正等觉,今现在彼敷演法教。彼有菩萨名文殊师利,住不退转,入离垢光明三昧,于其身中放种种光,其光远至十方无量阿僧祇世界,一一世界光悉充满,是故今者有此光明。

彼诸菩萨复作是言:世尊,我等今者,皆愿得见娑婆世界释迦牟尼佛及文殊师利菩萨。尔时,普贤如来即于足下千辐相中放大光明,其光朗曜,过彼下方十二恒河沙佛土,入此世界光悉周遍,彼诸菩萨以佛光明,莫不见此娑婆世界及释迦牟尼佛诸菩萨等,此土菩萨亦见彼国及普贤如来并菩萨众。尔时,普贤如来告诸菩萨言:娑婆世界恒说大法,汝等谁能往彼听受。

众中有菩萨,名执智炬,从座而起,白言:世尊,我今愿欲承佛神力往娑婆世界,惟愿如来垂哀见许。

普贤如来言：善男子，今正是时，当疾往诣。

尔时，执智炬菩萨，与诸菩萨十亿人俱，头顶敬礼普贤如来，合掌恭敬右遶七匝，于彼国没，譬如壮士屈伸臂顷，到娑婆世界兜率天宫，善住楼观中文殊师利菩萨众会之前，曲躬合掌，礼文殊师利菩萨足，而作是言：大士，汝所舒光至于我国，我世尊普贤如来应正等觉，垂许我等来此世界，为见大士，礼事瞻仰，听闻法故。

尔时，欲色界诸天子，见彼国土诸来菩萨已，咸作是言：善哉善哉，不可思议，甚为希有，甚为希有。文殊师利善权大士，乃有如是神通变化，以三昧力放是光明，而能至彼上方世界，令诸菩萨疾来诣。此时文殊师利菩萨，复为大众广宣妙法，众中有七十二那由他诸天子众，深生信解，发阿耨多罗三藐三菩提心。

【善德天子会】

尔时，善德天子白文殊师利言：我等曾闻有世界名一切功德光明，为在何处，何等如来于中说法？

文殊师利言：天子，彼一切功德光明世界，在于上方，过十二恒河沙佛刹，普贤如来于中说法。

诸天子言：我等愿欲见彼世界及彼如来。

尔时，文殊师利，即入光明庄严三昧，以三昧力放大光明，过十二恒河沙佛刹，遍照一切功德光明世界。时彼菩萨问：此光明从何所来。彼佛告言：善男子，下方过十二恒河沙佛刹，有世界名娑婆，彼土有佛名释迦牟尼如来应正等觉，在世说法。彼有菩萨名文殊师利，入光明庄严三昧，放大光明遍照十方无量佛刹，是其光明来照此会。

彼诸菩萨即白普贤如来：我等愿见释迦牟尼世尊及文殊师利菩萨。时普贤如来放大光明，照十二恒河沙佛刹，至娑婆世界，令彼菩萨分明见此菩萨众会。时彼世尊告诸菩萨：谁能往彼娑婆世界。

尔时，持法炬菩萨摩诃萨白佛言：世尊，我能往彼娑婆世界。

佛言：今正是时。

尔时,持法炬菩萨,与十亿诸菩萨俱,于彼国没,现兜率陀天,放大光明遍照世界。时诸天龙、夜叉、乾闼婆、阿修罗、迦楼罗、紧那罗、摩睺罗、伽释梵护世诸天子等,及诸声闻菩萨大众,得未曾有,作如是言:此诸菩萨,游戏神通甚为希有。

尔时,众会因此光明,见一切功德光明世界,及见普贤如来国界庄严,于一劫中说不能尽。当此文殊师利现神变时,七那由他诸天子等,发阿耨多罗三藐三菩提心。

【释义】

此处说普贤王如来国土,及执智炬(持法炬)菩萨来此世间的故事。说有异佛刹的菩萨来随喜,几乎已是说不二法门经的通例。成就识境是名普贤,其国土不同释迦的化土,是即说有种种时空不同的识境。如是显示一切识境的平等性,识境与智境亦当然平等。

普贤王如来既表义为智识双运,所以他的光明世界便称为"一切功德",所谓一切功德,即是成就一切识境,这即是如来法身功德。普贤王如来既具如来法身功德,当然亦具如来法身,如是智识双运。依如来藏义,一切众生亦与普贤王如来平等,所以说众生心识都有未显露的佛性,还有未显露的本觉。如是即是大平等性。

执智炬或持法炬,即持炬遍照,以智遍照或以法遍照,都显示了大平等性。

【不思议佛境界经】

尔时,文殊师利菩萨,于兜率天宫所为事毕,与诸菩萨释梵四天王等无量诸天,及一切功德光明国土诸来菩萨,不起于坐,于天宫没,一念之间到于佛所,皆从座起顶礼佛足,合掌恭敬右遶七匝,遶佛毕已。

时执智炬菩萨,与其同类十亿人,前白佛言:世尊,普贤如来致问起居,少病少恼,安乐行不。于时世尊,如法慰问诸菩萨已,普观一切诸来大众,勅令复坐,广为说法莫不欢喜。

尔时,世尊复告众言:汝等当知,此文殊师利童子、执智炬菩萨,为欲成熟无量众生,现此神通变化之事。此二丈夫,已能成就种种方便,获于深理,智慧辩才,已于无量阿僧祇劫施作佛事,为众生故生于世间。若有众生得见此二菩萨者,应知则得六根自在,永不入于众魔境界。

尔时,执智炬菩萨,及所同来诸菩萨众,入此国土得见世尊,听闻法故,证无生忍,既得忍已,右逯于佛,敬礼双足。当尔之时,此三千大千世界为之震动。是诸菩萨即于佛前没而不现,须臾之顷还到本国。

【善德天子会】

尔时,持法炬菩萨白文殊师利言:可共礼觐释迦如来。时文殊师利,于彼天子应可度者皆悉度已,与持法炬诸菩萨众,及大声闻、天龙、夜叉、乾闼婆等,往诣佛所,到已顶礼佛足却住一面。

尔时,持法炬菩萨白佛言:世尊,普贤如来问讯,世尊,少病少恼,起居轻利安乐行不。尔时世尊,告彼诸菩萨言:善男子,此文殊师利,及持法炬正士,神通变化智慧光明,成熟众生奉事诸佛,一切菩萨,不能知其智慧方便深入边际。汝善男子,应当学此文殊师利,及持法炬正士并诸菩萨,所有神通辩才智慧,奉事诸佛成熟众生,此诸正士无数劫来,从一佛刹至一佛刹,常作佛事,若诸众生入此正士境界,当来不复堕于魔界。

【释义】

这段经文的重点,在于释迦称赞文殊师利菩萨及执法炬菩萨,获于深理,智慧辩才,只是因为救度众生才不成佛,如是即是已入三解脱门:获于深理是空解脱门;智慧辩才是无相解脱门(不落言说即是无相);救度众生而不成佛是无愿解脱门。

后　分

【不思议佛境界经】

尔时,世尊告长老阿难言:此法门汝当奉持,广为人说。

阿难言:唯,世尊。此法门当何名之,云何奉持?

佛言:此法门,名文殊师利所说不思议佛境界。如是奉持。

佛说此经已,善胜天子、长老阿难,及一切世间天人、阿修罗、乾闼
婆等,皆大欢喜,信受奉行。

【善德天子会】

尔时,世尊告长老阿难:汝善持此法门,不断三宝种故。

尔时,持法炬菩萨摩诃萨从此会起,与其眷属还本佛刹。

佛说此经已,善德天子、长老阿难,一切世间天龙、乾闼婆、阿修罗
等,闻佛所说,皆大欢喜。

【释义】

此为嘱咐分。《善德》说,佛告阿难:"汝善持此法门,不断三宝种
故。"可见对本经的珍重,说本经能维持佛、法、僧种,足知末法时期,不
二法门教法、如来藏教法、诸佛密意教法实有危机,因为众生都落于言
说,以善知识自居的人,亦唯落言说来教导众生,此即危机之所在。读
者于此须知所应珍重。

吉祥。

图书在版编目 (CIP) 数据

文殊师利二经密意/谈锡永著. —上海：复旦大学出版社,2015.6(2024.11重印)
(佛典密意系列)
ISBN 978-7-309-11279-5

Ⅰ. 文… Ⅱ. 谈… Ⅲ. 大乘-佛经 Ⅳ. B946.6

中国版本图书馆 CIP 数据核字 (2015) 第 053240 号

文殊师利二经密意
谈锡永 著
责任编辑/陈 军

复旦大学出版社有限公司出版发行
上海市国权路 579 号   邮编：200433
网址：fupnet@ fudanpress.com   http://www.fudanpress.com
门市零售：86-21-65102580   团体订购：86-21-65104505
出版部电话：86-21-65642845
上海新艺印刷有限公司

开本 890×1240   1/32   印张 5.75   字数 147 千
2015 年 6 月第 1 版
2024 年 11 月第 1 版第 5 次印刷

ISBN 978-7-309-11279-5/B·522
定价：28.00 元